圖解台灣
傳統宗教文化

Taiwan's Traditional Religious Culture

全新呈現台灣傳統宗教文化資產，
是一生必要親眼目睹及親身參與的文化絕景與盛會

謝宗榮—著

晨星出版

民俗學者、業者、參與者

忘了從什麼時候開始就經常在各種民俗活動中遇見謝宗榮。他身材高挑、體型纖瘦，身穿布衫、涼鞋，留著兩撇鬍子，在人群中仙風道骨、鶴立雞群，就像從神話中下降凡塵的仙人，令人不得不注目。

他總是騎著機車載著他的牽手李秀娥，出現在民俗現場，兩人就像「神鵰俠侶」般，四處遊走。後來因爲共同參與的民俗活動太多，我們也從「不期而遇」變成「總要相遇」，他個性隨和、爲人「三八擱好湊陣」，每次與他一起參與活動都會令人感受到他對民俗的熱忱、活力。

宗榮是南投的鄉下孩子，高中畢業後「投筆從戎」投身軍旅，退伍後基於對民俗的熱愛，就讀台北藝術大學傳統藝術研究所，之後就投入民俗宗教領域，成爲一位專職、專業的民俗工作者。他研究的主題廣泛，舉凡宗教信仰、祭典科儀、生命禮俗、工藝美術、民俗文物，均有涉獵，是一位博學多聞的民俗研究、工作者。

台灣的民俗界大致可分爲學者、業者、參與者三種類型，其中學者通常只針對單一主題，作深入的調查研究，當研究計劃完成後，即另訂研究對象，很少會再參與現場查其變化。民俗業者包括宮廟主事者、神職人員，對於民俗通常都只知其然而不知其所以然，一切照表宣科不會去探究祭典科儀的意義；至於民俗參與者則大都基於信仰或興趣，參與民俗活動，無須探究民俗祭儀的源流、內涵。謝宗榮是民俗界「三位一體」的傳奇人物，他既是民俗研究者，也是民俗業者，又是民俗參與者。

宗榮的民俗研究著作豐富，內容涵蓋民俗祭典、科儀、文物、禮俗、工藝、文史；其次他本身也是業餘道士，經常參與各

種道教科儀。宗榮創立「耕研居宗教民俗研究室」，受委託承接民俗活動的調查、研究、紀錄、導覽計劃。只是他並不積極「擴展業務」承接計劃，又吹毛求疵力求完美，所以導致業績低落、生意蕭條。宗榮夫婦作為民俗的參與者，應是最大的樂趣，他長期參與、觀察、紀錄各項民間宗教祭儀，且樂在其中，這應該是他最重要的成就感。

　　《圖解台灣傳統宗教文化》是宗榮修訂舊版《台灣傳統宗教文化》的著作，書中對於台灣傳統宮廟的社會、信仰、文化背景有深入淺出的分析，內容也包涵台灣廟宇建築、神像、文物、祭典、儀式的介紹，可作為一般民眾認識台灣民俗信仰的入門書籍，讓讀者在參與民俗活動中，不只「看熱鬧」，更能「看門道」。

　　以宗榮對民俗的執著，他們這對神鵰俠侶未來必定持續投入民俗研究，從事民俗工作，也會繼續參與各地的民俗活動，我期待宗榮、秀娥「好膽麥走」共同為台灣民俗文化打拚。

臺中教育大學臺灣語文學系專任副教授

2018年7月4日

民間信仰、社廟、廟會文化

　　自從《台灣傳統宗教文化》出版迄今，倏忽已過了十五年的光陰，也是應該再重新整理出版了。沒錯！這本《圖解台灣傳統宗教文化》正是2003年版《台灣傳統宗教文化》的補充改版。

　　2003年筆者編撰《台灣傳統宗教文化》時，主要的內容是限制在介紹台灣漢人社會以地方公廟為主所發展出來的傳統民間信仰文化，因此在書名之下就題註有小標「台灣漢人民間信仰與社廟文化」，「社廟」即是最傳統的地方公廟，而以「社」為主所形成的文化面向也就包括了「社廟」、「社神」與「社祭」、「社會」等，社祭與社會所形成的活動，也就是一般通稱的「廟會」。而不論是社廟的祀神、祀具文物、建築，以及內容豐富多元的廟會活動等，也都共同構成傳統宗教文化的內涵，是台灣漢人社會中十分精彩且珍貴的文化資產。

　　為了改版的《圖解台灣傳統宗教文化》更符合標題所要呈現的內容，也讓讀者感受到筆者在改版時的用心，在文字方面除了修訂舊版《台灣傳統宗教文化》的局部內容之外，也增加了舊版所未編入的「社廟祀具與文物」，又將舊有的圖片全部汰換並增加數量，以符「圖解」之名。因此，讀者若僅是翻閱圖片，可能會發現都是筆者改用數位相機之後，近十餘年來所拍攝收集的內容。在這些近四百張圖片中，除了極少數偏屬私人財產性質之外，所有的圖片也都一一註明拍攝的地點，可供讀者按圖索驥。

　　由傳統的宗教信仰所衍生出的各個文化面向，一向是人類社會中的重要文化資產。或謂一個人的旅遊地圖中，一生所必要親眼目睹的人類文明史景觀，諸如中國的雲岡造像、敦煌莫高窟、希臘的神殿、義大利與西班牙的教堂等，無一不是宗教文化的產物。而在世界上著名的古代藝術作品中，不論是中國先秦的銅器與玉器、漢代的帛畫、三星堆的青銅面具，以及歐洲文藝復興時期米開朗基羅的石雕像、達文西與拉菲爾的聖壇畫、聖母像等，皆是宗教文化的展現。

台灣傳統宗教文化中的神像、寺廟建築等，雖然無法和這些世界頂尖的宗教作品相提並論，然而由於台灣傳統宗教文化的內容豐富，除了起源自遠古時代的自然崇拜與巫術信仰之外，更有儒教與道教、佛教的巨大影響，面貌十分多元化。這些宗教文化的內涵，也隨著各族群、地域的不同而各自呈現出其特殊的文化形貌，再加上台灣民間的廟會活動興盛，無形的信仰文化資產更讓這些以寺廟建築為主的有形文化顯得活潑而生動，而不再只是脫離當代生活經驗的「遺產」。

　　台灣的社廟宛如一座挖掘不完的寶庫，不論其規模大小，只要我們用心加以深入觀察，都可以編織、描繪一幅十分生動而精彩的「圖畫」，而且更是年復一年不斷上演的「動畫」。《圖解台灣傳統宗教文化》中所呈現的文字與圖片，是筆者二十多年來在全台踏查之下所累積的成果。以筆者一己之力，雖然無法將全台每一座社廟及其廟會活動都考察一遍，但是從數萬張的圖片中逐一檢視而挑選出較具有代表性者，對於年近花甲的本人來說，也是視力與記憶力上的一大考驗。因此，若是以「圖文書」的標準來說，這本《圖解台灣傳統宗教文化》無疑是全新的呈現。

　　如今筆者這本新裝上市的《圖解台灣傳統宗教文化》即將付梓，也是筆者對於給予熱心助人的人民一項微薄回饋，期望讀者可以從這一本圖文書中，感受到台灣民間信仰與社廟文化所寓含的深刻、動人的精神內涵。感謝晨星出版公司主編徐惠雅女士、執行主編胡文青先生的不器與寬弘，容許我這本早在五年前就必須改版的書拖到現在。感謝林茂賢教授在百忙中賜序推薦，也感謝美術編輯怡君小姐為本書賦予美觀的版面，感謝佳璋先生設計塊麗的封面。

　　祈願眾神慈悲，持續護佑這個島嶼上千千萬萬勤奮熱情而善良的島民！

2018年歲次戊戌夏至之節

謹誌於台北內湖耕研居

目次 Contents

Chapter I
緒說：社廟與社會

　　以民間公眾祭祀為中心的台灣民間信仰，若以廟宇的建立來說，概略可區分為「自然崇拜的信仰」、「巫術性的信仰」、「道教化的信仰（通俗道教）」、「佛教化的信仰（通俗佛教）」，以及「儒教化的信仰」等五大類別。這五類中以「自然崇拜的信仰」與「巫術性的信仰」兩大類最為普遍，前者如各地的天公信仰、土地神信仰、石頭公與大樹公等信仰為主。後者除遍布各處的神壇之外，如各地的有應公（大眾爺、義民爺、萬善公）、姑娘信仰等都具有巫術性質。

　　而在台灣的社廟文化中，最能代表台灣本地信仰特色者，莫過於頻繁而熱鬧的廟會活動，這些類型豐富的廟會活動，是常民社會中主要的信仰重心與休憩活動的來源。而在較大型的廟會活動中，基於娛神、娛人的功能，也成為許多民間藝術展演的主要場合，使得廟會活動成為民間藝術滋長的養分。

土地神的祭祀是漢人社會最普遍的信仰
現象。

信仰

傳統社會庶民信仰

　　漢人社會的傳統宗教信仰一般被稱爲「民間信仰」，其起源可追溯自上古時期的自然崇拜、人鬼崇拜與庶物崇拜，在儒家信仰興起之後，即被以儒家思想爲核心的官方所導引、約束，隨後又受到道教、佛教教義的影響，但基本上仍屬「擴散性」的一種庶民信仰型態。

　　中國歷代帝王對於神祇祭祀一向特別重視，《左傳·成公十三年》記載：「國之大事，在祀與戎。」可見祭祀神祇之諸般行事，甚至優先於國防事務「戎」，成爲國家最重要的大事。除了特重祭祀行事之外，在祭祀的對象方面亦十分多元，但主要以天地、日月、山川與祖先等諸神爲主。如《周禮·春官·大宗伯》即載：「以冬日至，致天神人鬼，以夏日至，致地示（祇）物魅，以禬國之凶

主祀土地神的地方公廟是最典型的「社廟」信仰（南投市康壽里慶興宮）。

民間尊稱為「福德正神」的土地公為社神祭祀的起源。

古代社之祭祀在土地神之外又加入穀物神而成為「社稷」，神農大帝為最早的稷神之一，古稱「先嗇」或「先農」（豐原慈濟宮）。

荒，民之札喪。」僅以官方為主的祭祀對象，就包括了天神、地祇、人鬼、物魅等四大類型，內容相當廣泛。而此一文獻也顯示，古代的「天子」廣為祭祀神祇的用意，即是希望排除國家與人民的凶厄危難。

古代帝王多以「天子」自居，因此所崇祀的神祇，以「昊天上帝」為尊。其次，因「以農立國」的國祚大計，次尊土地山川諸神，因此有「皇天后土」之並稱。至於一般平民百姓，因為一切民生取諸土地，又有安土重遷之傳統，故特重土地諸神之祭祀。從帝王以至百姓，都十分重視土地諸神之祭祀，所祭祀之神祇對象亦多，總其名稱為「社稷之神」，或簡稱為「社神」。《重修緯書全集・卷五・孝經援神契》說：「社者，五土之總神。土地廣博不可遍敬，故封土為社而祀之，以報功也。」東漢蔡邕《獨斷》載：「先儒以社祭五土之神。五土者，一曰山林，二曰川澤，三曰丘陵，四曰墳衍，五曰原隰。」

「社」之祭祀爲地祇諸神中最受重視者，在廣義上可代表地神。對天子而言，社就是地；但對天子以下的諸侯大夫來說，社是他們所管轄的那一塊土地；對一般民眾而言，社即是他們日常生活的土地範圍[1]。故上至天子，下至百姓，對於社之祭祀都特別重視。《禮記‧祭法》說：「王爲群姓立社，曰大社。己自爲立社，曰王社。諸侯爲百姓立社，曰國社。諸侯自爲立社，曰侯社。大夫以下，成群立社，曰置社。」其中百姓成群所立之社，一般稱爲「鄉社」，祭祀社神之行爲稱爲「社祭」，即後世所通稱的「社火」或「廟會」。祭祀社神之所，亦即後世「社廟」之起源，而因祭祀社神所形成的集會，即爲「社會」一詞之由來。

　　傳統「社廟」祭祀之神，以「五土之神」爲主，加上穀物之神「稷神」，成爲「社稷之神」。但隨著歷史傳衍，諸多有功於社稷之先聖先賢，受到人們的崇敬，也逐漸取代原始的土地、五穀之神而成爲社神。先聖先賢之正祀，主要是依照《禮記‧祭法》揭示的五大指導原則：「法施於民則祀之，以死勤事則祀之，以勞定國則祀之，能禦大災則祀之，能捍大患則祀之。」鄉土功烈之神遂逐漸成爲後世社廟所崇奉之主要神祇，而這些形形色色的社神信仰，也成爲傳統宗教信仰的主要核心。祭祀社神的「社祭」活動，在傳統民間文化生態中，一向被民眾所重視。在社祭活動中，民眾皆會踴躍參與，彼此分工，並透過集體性的社祭活動，來作爲人與人之間交流的重要管道，此即「以社會民」之「社會」的起源。這種集體性的社祭活動，即人類學家林美容所指稱的「民間公共祭祀」[2]。

---

1 陳來，1996，《古代宗教與倫理——儒家思想的根源》，頁126，北京：三聯書店。
2 林美容，1993，《台灣人的社會與信仰》，頁8，台北：自立晚報文化出版部。

地方公廟的廟會活動，其歷史可追溯自古代的「社祭」活動（北港迎媽祖）。

漢民族傳統宗教信仰既以社神信仰爲核心，其形式與內涵便與西方之「制度化的宗教」（institutional religion）有所不同，故被學者稱爲「普化的宗教」（diffused religion）[3]。所謂「制度化的宗教」是指一個民族的宗教具有明確的「教主」、自成體系的「教義」與「經典」、嚴格系統的「教會組織」，以及儀式化的「入教禮」與積極性的「宣教行爲」等，並與一般俗世生活分離。如西方的基督宗教（包括新教、舊教）與佛教、伊斯蘭教等世界性的宗教；而所謂「普化的宗教」則是指一個民族的宗教本身沒有系統性的教義與成冊的經典，更沒有嚴格的教會組織，所以信仰的內容是「擴散式」的，而與一般生活混合。因此，宗教信仰與儀式行爲也就表現在祖先崇拜、神

一貫道為解嚴後台灣分支最多的民間宗教（台南市安南區）。

明崇拜、歲時祭儀、生命禮俗、符咒法術、時間觀念、空間觀念等各方面。

除了上述的普化性質、超自然因素與道德因素分離、泛靈崇拜等特色之外，台灣民間宗教信仰在信仰內涵上也混合了其他制式宗教與道德思想、巫術信仰等，成為多元化的面貌，因此往往也予人混亂的印象，這從一般民間信仰中亦佛亦道亦儒、佛道儒不分的現象即可看出。而之所以有此現象是因為大多數人無法分辨不同類別的民間宗教，時常混同看待。加上無法了解不同類別的民間宗教之所以不同的性質與意義，經常將某一類的民間宗教之刻板印象推演到另一類，而對民間宗教意義加以全面否定[4]。因此，要將台灣民間宗教信仰加以分類，並不是件容易的事。

關於台灣漢人傳統宗教信仰的類別，人類學者林美容曾指出：至少有三種不同類別的民間宗教（或民間信仰）在台灣同時存在，這三類民間宗教信仰為——民間公共祭祀、民間教派與民間巫術信仰[5]，是相當中肯的分類方法。所謂「民間公共祭祀」是指在固定祭祀圈內之集體性或群體性的共同祭祀，基本上有兩種組織型態，一種叫做祭祀圈，是指地方社區義務性共同祭祀天地、神鬼的組織。另一種叫做信仰圈，是指以信仰某一個神明及其分身為中心的區域性信徒志願組織。然而無論是祭祀圈或信仰圈，基本上都是一種地域組織（territorial organization），名義上是拜神，實際上是某一範圍內的人群共同結合。

而「民間教派」是指有教義、教主，信徒須經過入會儀式的教團、教派組織，傳統台灣民間教派如齋教、鸞堂（儒宗神教）等，其

---

3 李亦園，1992，《文化圖像》（下），頁198-199，台北：允晨文化公司。

4 李亦園，1992，《文化圖像》（下），頁198-199。

5 李亦園，1992，《文化圖像》（下），頁8-9。

他新興的教派如一貫道、慈惠堂、天帝教、軒轅教等。這些民間教派都有制度化的傳教組織與傳教方式，信徒入教之後也被鼓勵加入傳教組織，但由於其儀式、組織具有祕密性，很多儀式非成員不能參加，組織的詳情也並非所有成員都能了解，其性質趨近於祕密社會，我們可以祕密社會的觀點來了解民間教派。

至於「民間巫術信仰」則是指個體性的相信鬼神、占卜、風水、乩童、巫術等，並藉以求取個人福祉，解決個人難題的信仰，特別是存在於私廟、私壇等供人求神問卜、求符作法的非公眾性祭祀場所，少數也見於公廟，如點光明燈、安太歲等；以及民間教派，如扶乩、扶鸞行為。「民間巫術信仰」可以說是一種個人性的求財、求平安、避免災禍的儀式系統與知識系統。

太陽星君與太陰娘娘是古代日月信仰的遺緒，屬於自然崇拜的信仰（三峽長福巖）。

這三類民間宗教或民間信仰，林美容將第一類與第三類稱為「民間信仰」，而將第二類稱作「民間宗教」。她同時指出：「民間公共祭祀」是民間信仰的核心，也就是說，集體性的崇拜才是民間信仰源起、發展的意義所在，台灣本地人藉著民間公共祭祀，表達其社區意識與地域人群的一體感。而「民間巫術信仰」只是民間信仰所附帶的、次要的、邊緣的，在群體之外容許個人需求滿足的世俗作用而已。兩者在台灣已根深蒂固的與一般庶民生活結合在一起。

　　因此，本書所指稱的「台灣民間信仰」，在定義上亦採取以上說法，但實際論述則以「民間公共祭祀」為民間信仰的主要內容，而這類以民間公眾祭祀為主的民間信仰也是台灣漢人所普遍傳承的宗教信仰，雖然這些民間信仰現象的主要內涵是以區域性的公共祭祀為主，但由於吸取其他宗教內涵的偏向與程度而有所不同，除此之外，也因為族群、地域上的差別而各自具有「在地化」的特色。

　　以民間公眾祭祀為中心的台灣民間信仰，雖然由於上述內容的差異性，以及其普遍具有的普化與泛靈信仰現象、超自然與道德因素分離、混合其他制式宗教形式等特質，較難精確說明其宗教信仰的屬性與分類，但若以廟宇的建立來說，依然可根據其主要的傾向特點，而將之概略區分為「自然崇拜的信仰」、「巫術性的信仰」、「道教化的信仰（通俗道教）」、「佛教化的信仰（通俗佛教）」，以及「儒教化的信仰」等五大類別[6]，主要差異在於信仰祭祀的對象「屬性」不同，因此無法從祭祀行為或是祭祀場所（廟宇）方面來加以區分。

　　這五類中以「自然崇拜的信仰」與「巫術性的信仰」兩大類最為普遍，前者如各地的天公信仰、土地神信仰、石頭公與大樹公等信仰為主。後者除遍布各處的神壇之外，如各地的有應公（大眾爺、義民爺、萬善公）、姑娘信仰等都具有巫術性質，這兩大類信仰通常都

---

6 謝宗榮，2000，〈民間信仰與工藝美術〉，載於《台灣工藝》（季刊）第5期，頁80-90。

石頭崇拜亦為原始的自然崇拜信仰（桃園霄裡石母祠）。

神樹崇拜為最原始的自然崇拜信仰之一（南投市漳興里榕樹公）。

供奉無主孤魂的有應公廟，除了表現傳統靈魂觀念之外，亦具有濃厚巫術信仰色彩（台北外雙溪萬善堂）。

具有一些主要的特徵，那就是廟宇規模較小，所祭祀的對象，前者屬於自然神；後者則多屬「陰神」（由鬼靈形成）崇拜性質。「自然崇拜的信仰」起於遠古時代，並被帝王納入其祭祀系統，在民間則演化成為人對於天地自然的感恩情懷。而「巫術性的信仰」的發展，其原始動機則由為了避免鬼靈的作祟演化成對祭祀對象較為功利性質的祈求。

其次爲「道教化的信仰」，如南部沿海爲數眾多的各類王爺信仰，或以道教神明以及鄉土守護神等爲主神的信仰，這些廟宇的規模通常較爲宏大，信眾、香火旺盛，常成爲地方性的信仰中心。再者爲「佛教化的信仰」，這類信仰通常在其發展初期皆可視爲較典型的佛教，但由於區域性發展、歷史的變遷等因素，吸收、融合了其他信仰，例如：道教、儒教、巫術等；或成爲一般民間社會的公共祭祀中心，因而減弱了佛教的色彩，因此亦可視爲民間信仰現象。前者如各地的觀音廟、媽祖廟，後者如安溪人信奉的清水祖師廟、南投鹿谷一帶的慚愧祖師廟等，其廟宇規模通常較爲宏偉，與道教化的信仰一樣，常成爲地方上的信仰中心。

　　最後是「儒教化的信仰」，這類信仰的主要特色是以儒家式的道德思想爲教化手段，最典型的則爲崇拜儒家聖人而以書院形式存在的信仰，近代被稱爲「儒宗神教」的鸞堂信仰（恩主公崇拜），以及由宗祠家廟所發展出的各姓氏主神信仰等。上述五大類的信仰現象構成了民間信仰多采多姿的面貌與內涵，也直接或間接地產生了精彩多元的台灣傳統社廟文化。

清水祖師是泉州安溪人的鄉土守護神（艋舺清水巖）。

台灣民間信仰的中心——廟宇

台灣漢人社會的傳統宗教信仰既以民間公共祭祀為中心，加上本身沒有嚴格的教義與信徒組織，亦無西方制式化宗教一般，具有單一的「教主」或宗教領袖，因此廟宇便成為最重要的信仰核心。也由於傳統漢人文化中濃厚的神靈信仰，再加上移民墾殖等歷史因素的影響，幾乎有漢人移民村落的地方，就有廟宇，甚至成為聚落發展的中心。故而以廟宇為核心的祭祀對象、祭祀空間、文物等，便成為認識台灣傳統宗教信仰的最佳對象。在早期台灣民間文化中，廟宇因為處於聚落中最重要的公共空間，除了成為公共事務處理中心之外，也因為建築裝飾與文物的豐富而成為重要的休憩與教育中心，故傳統民間廟宇更有民間的藝術館與社教中心之譽。

傳統廟宇擁有豐富的裝飾藝術與信仰文物，是認識信仰文化的重要主體（台北關渡宮正殿）。

台灣廟宇規模雖小，但為了因應信眾需求而供奉眾多神祇，如台北霞海城隍廟即為神像密度最高的廟宇之一。

　　台灣的廟宇數量，根據已故民俗學家劉枝萬先生在一九六〇年任職台灣省文獻會時所做的調查結果，已有四四二〇座之多[7]。到了一九九〇年時更已超過了一萬六千餘座[8]，並持續增加中，當中還不包括許多未在官方單位登記的小祠、神壇。這些廟宇之中屬於官方所建者僅占少數，例如：各地的文廟、城隍廟、武廟、節孝祠等，全部不過數十座，絕大多數是由民間所建立的。民間所創建的廟宇又可分為公建與私建兩大類：公建廟宇是由地方信眾共同出資創建，常成為區域性的地方公廟與信仰、祭祀中心；私建廟宇則是私人奉祀祖先的家廟或私廟，一般多為特定的群體（如宗族、職業團體等）所崇奉，並沒有開放給普通信眾作祭祀之用。而這些為數眾多的民間廟宇中，以公建者在比例上占了絕大多數，這些公廟也成為台灣漢人傳統民間信仰的重要具體表徵之一。

7 劉枝萬，1983，《台灣民間信仰論集》，頁268，台北：聯經出版社。
8 阮昌銳，1990，《中國民間宗教之研究》，頁123，台灣省立博物館。

綜觀漢人在台灣的開拓史，由於先民在台的墾殖，除了篳路藍縷以啟山林的艱辛之外，尚要與各原住民族群之間爭地以致征戰不斷，尤其是原始地理環境無可避免的天災、疾病等所帶來的侵擾，都對先民的生命財產造成了莫大的威脅。在科學不昌明、醫藥不發達的時代裡，先民很難抵禦這些來自外在因素的壓迫，加上離鄉背井之下導致的思鄉苦悶，使得生活更顯得艱辛異常。因此，唯有藉著傳承自原鄉祖籍的信仰力量，給予先民們精神上的無限慰藉，支持著先民們面對生活的種種困境以及無法預測的未來命運。故而在傳統台灣漢人社會中，宗教信仰即成為潛在的最大支配力量，而作為傳統民間信仰中心的廟宇建築亦特別發達，可說幾乎所有台灣傳統的聚落及城市發展無一不以廟宇為重心的。

職是之故，台灣的廟宇建築便構成了台灣文化的特色，幾乎每個地方都有立廟，年代早表示當地開發早，規模大表示地方經濟力量雄厚。而廟宇也是閩南系建築中最主要的典型，因為它是信徒最虔誠的奉獻、最昂貴難得的材料，加上匠人用最大的心血全力以赴所完成的傑作。在清代，它是一個同籍移民地區內聚力量及意志的總表現，除了儒學書院義學對知識分子的教化之外，廟宇可說是移民精神生活的焦點，沒什麼能比廟宇更重要的[9]。事實上，在台灣漢人傳統聚落中，廟宇也是除了住宅、街道之外，在生活中與居民關係最密切的單元[10]，而這類以傳統民間信仰為基礎所建立的廟宇，可通稱為「民間信仰廟宇」。事實上，以民間廟宇為中心衍生而來的廟宇文化，也是台灣傳統文化中不可或缺的一大部分。由於台灣民間廟宇在整個民間文化傳統中的地位是如此重要，因此要深入瞭解台灣傳統民間文化的精髓，若排除了廟宇此一重要因素是無法一窺堂奧的。

9　李乾朗，1979，《台灣建築史》，頁11，台北：雄獅圖書公司。
10　林會承，1985，《清末鹿港街鎮結構研究》，頁130，台北境與象出版社。

▲ 台灣各地供奉醫藥神兼族群守護神保生大帝的宮廟，為典型道教化的民間信仰（台北大龍峒保安宮）。

▼ 台灣各地主祀「觀音佛祖」的寺院，屬於佛教化的民間信仰（彰化芬園寶藏寺）。

▲ 開漳聖王是漳州移民的鄉土守護神（芝山巖惠濟宮）。

◀ 霞海城隍是台北大稻埕同安移民的守護神（台北霞海城隍廟）。

　　再者，傳統信仰及廟宇的建立與族群文化的發展之間亦具有密不可分的關係。由於台灣漢人移民來自於閩、粵各地，不同族群的文化特色也在其信仰現象中呈現出來，表現在漢人社會中特別興盛的廟宇文化。最為明顯的即為鄉土守護神的崇奉信仰，如安溪的清水祖師、泉州三邑人的觀音佛祖、泉州南安人的廣澤尊王、同安人的保生大帝、漳州人的開漳聖王、潮州人的三山國王、汀州人的定光古佛等。不同守護神的信仰也形成了豐富的族群文化特色，而這些族群性的信

廣澤尊王為泉州南安移民守護神，又為郭姓族人祖先神之一（台南市西羅殿）。

寺廟中的神祇造像與神龕裝飾是宗教藝術的精華所在，反映了信眾對於信仰的虔誠（台北大龍峒保安宮，主祀保生大帝）。

仰文化自然也呈現在信仰中心的廟宇之上，使得台灣漢人民間文化因而更顯得多采多姿。

其次，除了移民祖籍所形成的族群信仰特色之外，文化發展的各種影響，也使台灣民間信仰在神祇崇奉方面顯得相當豐富。雖然早期各地廟宇的建立通常是單一（組）神明的供奉情形，但隨著信眾的增加與拓展，不管是傳統的佛教、道教神明，或是由於地方開發因應而生的地域性特殊神明，只要能給先民帶來宗教信仰上的慰藉，皆可為

人們無私的供奉於廟宇之內，受到信眾的崇奉，成為台灣民間信仰廟宇中神祇多元化的特色，這種特色尤其以一些規模較大的廟宇為最。

　　相信這是許多人共有的經驗，當我們初次走進一座大廟時，除了廟宇建築裝飾的繁複華麗之外，廟中奉祀之神明類型眾多，也往往令人目眩神馳，而難以區別不同神明在「職司」上的差異了。曾有人形容台灣傳統廟宇為「宗教的百貨公司」，這種說法在信仰精神上或有不妥之處，但在祀神的現象上則不可不謂是頗為貼切的比喻。

　　台灣的社廟數量眾多，所崇奉之神祇類型亦十分多元，其中有漢民族普遍崇奉之神，亦有源自各籍屬原鄉之鄉土守護神，以及台灣在地化發展之神。台灣漢人移民多數來自閩、粵一帶，隨著移民的墾殖開發，終使台灣社會結構成為漢人優勢之局面。在三、四百年的發展過程中，從早期創業維艱的開發過程，以至於晚近的繁榮社會，傳統

廟宇建築裝飾是傳統工藝最精緻的表現，從單純到華麗皆有脈絡可尋（北港朝天宮拜殿剪黏）。

主祀開漳聖王的景福宮為桃園市主要公廟之一，標示著桃園市的開發以漳州族群為主的歷史意義。

三山國王為粵東潮、汕地區的鄉土守護神，隨移民來台成為主要的族群守護神（台南市三山國王廟）。

信仰文化雖仍延續了閩、粵漢人之習俗，但也隨著社會發展而逐漸產生許多變遷——從早年規模簡單的廟宇、類型單純的供奉神祇，以至近代之建築宏偉、裝置華麗的廟宇，以及豐富多元的神祇類型，其中自有一定的信仰文化脈絡可尋。儘管在社神信仰上，台灣漢人社廟所崇祀的諸神裡，有許多原為佛、儒教所崇奉的神佛，以及許多民間鄉土俗神，但基本上仍延續閩、粵之傳統，多被道教所吸收而成為道教化（通俗道教）之神祇。而社廟亦與散居聚落的道壇之間，形成緊密合作之關係。

▲ 國定古蹟台北新莊廣福宮主祀三山國王，為閩南、粵東潮汕族群清初開發台北盆地的歷史見證。

▼ 五股頂泰山巖主祀永春人的鄉土守護神顯應祖師。

在台灣的社廟文化中，最能代表台灣本地信仰特色者，莫過於頻繁而熱鬧的廟會活動，這些類型豐富的廟會活動，是常民社會中主要的信仰重心與休憩活動的來源。而在較大型的廟會活動中，基於娛神、娛人的功能，也成為許多民間藝術展演的主要場合，使得廟會活動成為民間藝術滋長的養分。

廟會是以祭祀神祇為核心而發展出的群體性信仰活動，其起源可追溯自中國古代的宗廟社郊制度。宗廟社郊是指祭祀神靈的信仰形式，宗廟是祭祀祖宗的場所，後來也衍生成為祭祀先賢之場所。而社郊是宗廟之外的祭祀場所，主要是祭祀天地神祇。社神即社稷之神，社祭即土地崇拜，與之相連相應的另一種自然神崇拜即為郊祭，所祭祀的對象是以天為主的神祇，包括日、月、星辰等，是社

台北迎城隍與北港迎媽祖，在日治時期為台灣最著名的兩大廟會活動。

守護鄉土有功的功烈神，成為近代最主要的社神（嘉義市雙忠廟，主祀張巡與許遠）。

祭的延伸，也是宗廟制度的補充[11]。在古代，宗廟原為皇室以至於士
等上層階級所祭祀祖先的專利，《禮記・王制》載：「天子七廟，三
昭三穆，與太祖之廟而七。諸侯二昭二穆，與太祖之廟而五。大夫一
昭一穆，與太祖之廟而三。士一廟，庶人祭於寢。」一般庶民並不能
立宗廟以祭祀祖先。中國古代在帝王以「天子」自居的情形之下，郊
祭所崇祀的神祇，以「昊天上帝」為尊；也因為「以農立國」的國祚
大計，故次尊土地山川諸神，而兼有社祭之精神，因此有「皇天后
土」之稱。對於一般庶民階層而言，宗廟之祭與郊祭是不允許的，
加上一切民生取諸土地，又有安土重遷之傳統，故特重土地諸神之祭
祀。因此以祭祀土地神為主的「社祭」，便普遍盛行於民間，成為廣
土眾民最主要的信仰活動。

11　高有鵬，1999，《中國廟會文化》，頁8，上海：文藝出版社。

社神的祭祀為廟會活動的起源，最早的社
祭主要祭祀土地神（嘉義大林）。

台灣中部山區在中秋節以「土地公拐」祭祀土地
公，為古代「祈報」信仰中「秋報」習俗的遺
留。

　　台灣漢人社會的傳統宗教信仰，即是以民間公共祭祀的祭祀型態
為主體，儘管各地公廟所奉祀的主神各有不同，而這些神祇也在儒、
道、佛三教中有其「神譜」上不同的位階，但是都不減各地信眾的崇
奉之情。由於台灣漢人社會的傳統宗教信仰並未如「制度化」宗教般
具有固定的教義、規律與組織性，因此神祇信仰成為主要的核心，
再加上聚落發展與地方公廟的建立之間又具有密切的關係，特重以廟
會為主的信仰活動。綜觀來說，以社廟為主體的台灣傳統宗教文化，
其主要特點可以歸納如下：一、以神祇信仰為核心；二、廟宇數量眾
多；三、信仰廟會活動興盛；四、世俗性信仰取向明顯。

廟會祭典活動在傳統社會中具有多重意義，大稻埕迎城隍在日治時期與北港迎媽祖齊名，素有「五月十三人看人」之譽。

廟會活動中各類陣頭的表演，具有娛神、娛人的功能（西港香宋江陣）。

廟會中傳統音樂戲曲的演出，是民眾休憩活動的重要來源（台北靈安社）。

Chapter 2
台灣社廟的脈絡

　　台灣自漢人族群大量移民墾殖之後，已成為多種族群聚集的地區，加上政治歷經了許多不同政權統治的階段，使得台灣社會與中國其他地區相較而言顯得相當複雜而多元。在漢人族群移民開發台灣的漫長過程中，首先要克服移民渡海過程的危險歷程，其次又要面對台灣頻繁的天災與疾病，以及族群之間的衝突所造成的威脅。再加上政治上許多的不利因素，諸如清代時期腐敗的吏治、清初的渡台禁令、日治時期因異族統治帶來的價值衝突等，使得台灣社會的發展過程中，呈現出相當複雜的現象。在這種情況之下，也使得台灣漢人社會文化的面貌與精神，相較於其他漢人為主的地區，呈現很大的差異性。台灣社廟的發展歷史，也隨著漢人移民聚落的開發而呈現不同的面貌。有鑑於此，若欲瞭解台灣社廟與神祇的發展，就必須將社廟與神祇信仰置於台灣漢人社會的文化脈絡中來加以理解。

玄天上帝原為古代四方神之北方玄武，神像多作腳踩龜、蛇以應玄武之象（左營元帝廟）。

台灣社廟與神祇信仰的發展背景

　　台灣的開發，主要來自中國閩、粵兩省的漢人族群為主，近四百年來在不斷移民墾殖的過程之下，逐步發展成為以漢人族群為主的社會型態。基於移民墾殖的歷史背景，使台灣漢人社會具有濃厚的移民社會特質，此一特質，也導致台灣漢人文化面貌由早期自唐山移植的「內地化」，在歷經適應環境的過程中，逐漸產生屬於「在地化」的文化特色發展。社廟與神祇信仰是組成傳統漢人常民文化十分重要的基礎，在台灣移民漢人社會特質的影響之下，自然也會逐漸產生屬於本地的文化特色。影響台灣漢人社會文化特質的因素，主要歸納為經濟、政治、自然環境與族群社會等四大面向。

開台聖王鄭成功信仰具有漢人移民墾拓指標意義（竹山沙東宮）。

神農大帝是傳統社會庇佑
農業生產的重要信仰（新
北三重先嗇宮）。

天上聖母信仰具有庇護海上航行安全的功能，廣受漢人移民所崇
祀（士林街請關渡二媽奉祀於慈誠宮）。

經濟因素

　　台灣漢人移民的原鄉——閩、粵地區，山陵面積廣、耕地較少又
極為貧瘠，不適合大面積耕作。明代中葉，由於人口大增，加上連年
的荒旱欠收，人民缺乏糧食，在飢餓的驅迫之下，先民不得不大批往
海外移民。台灣在明代末葉之前，只有少數漁民以沿海少數港岸作為
棲息地，廣大的西部平原只有稀少的平埔族人，對善於農耕的閩、粵
先民來說是塊處女地，離閩、粵沿海又近，於是變成移民墾殖的最佳
選擇地區。明天啓四年（1624），荷蘭人占據台南安平地區，除了
以台灣作為對東亞貿易的基地之外，也使得大量閩、粵人民來台從事
農耕。這種因為生計考量經濟因素，在鄭成功驅逐荷蘭人統治台灣之
後，仍是許多先民移民台灣的主要動機之一。

鄭氏王朝經營台灣期間，基於充足國庫之需要，又招引大批閩、粵移民渡台墾殖，奠定了漢人族群在台灣的開拓基礎。隨後台灣的漢人移民與日俱增，雖然在清初實施「渡台禁令」，但經濟因素上的考量，終使台灣成為閩、粵漢人移民發展的主要根據地，並在清代中葉時成為主要的稻米、蔗糖產地，以供應中國東南地區的主要糧食，其次如樟腦、茶葉、煤礦等產業之發展日盛，使得台灣成為大清帝國轄內最富庶的地區之一，經濟之富庶遂支持信仰、廟宇的發展。

政治因素

　　中國中原地區自六朝以來，常因為北方異族之入侵，或是發生戰亂，使得漢人族群大批地向南方移民，閩、粵、嶺南地區就成為中國北方漢人的避難所。然而在明清之際，政治上的動亂與朝廷的諸多政策，加上前述人口過於稠密等經濟因素，也造成東南沿海居民生計困頓，大批的閩、粵先民遂移民至僅有一水之隔的台灣。其中在明嘉靖、萬曆年間，朝廷為了防止倭寇與海盜侵擾而加強海防，頒布「寸板不得下海」令，嚴禁東南沿海居民出海貿易或捕魚，使得這些靠海為生的居民陷入困境。而清初時鄭氏王朝軍隊與清廷彼此征戰，清順治十三年（1656）頒布「禁海令」，嚴禁東南沿海移民出海，順治十七年再頒「遷界令」，強迫沿海居民內遷。清康熙二十三年（1684），鄭克塽投降，台灣歸清版圖之後，清廷又頒布「移民三禁」，嚴格限制移民渡台。然而嚴苛的禁令並未能阻止先民移民的行為，許多閩、粵移民以偷渡的方式渡海來台發展，終使清廷逐漸緩和禁令，在雍正十年（1731），開始允許移民可攜眷渡台，之後雖經數度政策之改變，但終在乾隆二十五年（1760）停止移民之限制，台灣的閩、粵移民遂從此急遽增加。

　　在清乾隆二十五年「海禁」解除之前，移民到台灣的閩、粵先民，除了部分是透過「正式」管道取得照單之外，許多人都必須冒性

▲ 鹿港新祖宮主祀天后聖母,為清乾隆末年福康安平定林爽文事變後所建,具有政治、歷史意義。

▼ 城隍信仰盛於明代初期,清廷曾下令各府、州、縣建立城隍廟(台南市台灣府城隍廟)。

命危險偷渡來台。即便是獲得官方准許移民者，在渡台過程當中也必須忍受官吏的剝削，加上清廷雖將台灣劃入版圖，但一直到光緒年間為止，清廷並未有長期經營台灣的打算，導致清末之前台灣的吏治普遍腐敗，社會動亂不安，民變事件頻仍，而有所謂「三年一小反，五年一大亂」的說法。這些政治上的因素，在在都對台灣漢人的社會文化造成相當重大的影響。

自然環境因素

台灣與唐山閩、粵地區雖然只有一水之隔，但是台灣海峽的強勁洋流加上季風，對於古代的航海技術來說是一大考驗。而台灣本島在自然環境上，與閩、粵一帶亦有相當明顯的不同。台灣為海島地形，地處亞熱帶，天氣溼熱，島上多高山，溪流湍急，動、植物茂盛，除了冬季之外，蚊蟲滋生，使得流行性傳染病相當普遍。加上天然災害

具有逐疫功能的王爺信仰在台灣中南部沿海地區十分興盛，反映出台灣早年社會環境條件（台南市普濟殿池府千歲）。

清水祖師是泉州安溪籍移民的族群守護神，淡水、艋舺輪流奉祀之清水祖師又稱蓬萊老祖、落鼻祖師。

三山國王是閩南、粵東潮汕籍移民的族群守護神（彰化花壇三山國王廟）。

多，如每年夏秋兩季颱風的侵襲，以及地震的不定時發生，往往造成生命財產的損失。雖然台灣土地肥沃、人口稀少，但對閩、粵漢人先民來說，移民台灣仍是一件極其危險的事。首先必須冒著渡越台灣海峽這道「黑水溝」時無法預知的危險，在冒著千辛萬險來到台灣之後，又必須面對台灣自然環境中的天災、疾病等威脅。處在這種與閩、粵原鄉差異不同的地理環境之下，也使得台灣漢人社會文化逐漸發展出不同的特質。

社會族群因素

　　台灣、澎湖地區在明末以前，政府並未認真加以治理，故閩、粵內地的豪強、遊民向外發展，大都以台澎為出沒活動地區。明萬曆、天啟年間，一批閩、粵漢人隨著顏思齊、鄭芝龍移民來台，以魍港（今嘉義布袋附近）為基地，墾殖荒地。明永曆十五年（1661），鄭成功與清廷征戰失敗之後，率兵入台，驅逐荷蘭人，為了屯田以供財政之不足，乃獎勵閩、粵鄉勇移民眷屬入台，廣大生聚，以致移民人

台北大龍峒保安宮主祀保生大帝，是台北盆地同安移民的主要信仰中心。

數日增。加上前述閩、粵人口過多、飢荒等經濟因素，以及因政權交替所導致之社會不安，使得閩、粵一帶之漢人族群大量移民來台。

　　明鄭之後，移民台灣墾殖的漢人族群，一方面要與台灣原住民各族周旋，另一方面漢人移民雖然在台灣已成為多數，但移民群來自閩、粵各府縣，少有舉族遷徙之情形，便以地緣關係（同鄉、同籍）為聚居的凝聚力量。為了爭奪生活資源，各族群之間經常有爭鬥的情形發生，甚至演變成為大型的民變及械鬥事件。在日治之前，台灣各地不斷有族群衝突事件發生，從漢番衝突，到閩、粵械鬥，漳、泉械鬥，甚至同為泉州府轄下的「頂下郊拚」等。族群關係的複雜，也使得台灣漢人移民社會發展出與唐山原鄉不同的特質。

基於上述經濟、政治、自然環境、族群社會等因素，使得台灣漢人社會呈現出明顯的移民社會特質，最明顯的即是民性堅忍但卻有濃厚的功利主義。其次，由於自然災害及其所引發的瘟疫經常發生，族群之間又因為生存競爭而衝突頻仍，加上吏治腐敗、社會動亂不安等外在力量的壓迫之下，往往造成先民們生命、財產方面的損失，使得早期台灣漢人社會普遍產生心理不安定之現象。處在這種外在環境充滿威脅的情形之下，先民們也就只有寄望於祖先、神祇之庇佑，也造成漢人族群宗教信仰蓬勃發展。因此，漢人移民在渡台之時，一般都會由原鄉攜帶神像或香火隨身，一旦定居成為聚落之後即建廟加以奉祀，成為聚落族群之守護神。隨著漢人移民在台灣的墾殖開拓，神祇信仰便隨著移民的腳步而散布於台灣各個角落，由於漢人聚落的發展，也在各地分別建立各種廟宇，終使台灣廟宇的密度成為漢人社會中最高者。

開拓水沙連有功的鄭成功部將林杞被供奉為將軍神（竹山沙東宮）。

台灣神祇信仰發展脈絡

　　台灣漢人社會在移民墾殖之初，由於經濟條件的限制，宗教信仰多顯得較為樸素，神祇信仰多有關農漁業生產、護生保安等。到了清代中葉，移民墾殖逐漸穩定而呈現定居現象時，台灣人民經濟條件漸佳，已較有足夠餘力從事宗教信仰相關活動，在信眾需求與經濟能力增加之下，神祇信仰也呈現出多元化的現象，本土性神祇如有應公等逐漸出現。這種情形隨著台灣社會的富裕程度而與日俱增，雖然在日治時期，殖民政府壓抑傳統道教與民間信仰，但是並未減弱宗教信仰的發展。直到日治後期，太平洋戰爭爆發，台灣進入戰時體制，隨即又因政權轉移之影響，使得宗教信仰進入短暫的蕭條情況。但社會漸趨安定之後，宗教信仰也隨之快速復興，到了一九七〇年代經濟起飛之後，展現出空前蓬勃的現象，迄今猶然。

廖添丁是台灣近代本土化的信仰之一（新北市八里漢民祠）。

神祇信仰之文化背景

　　台灣漢人傳統神祇信仰內涵主要承襲中國漢民族的傳統，是一種萬物有靈的「泛靈崇拜」，其神祇類型相當多元豐富，神祇之數量亦隨著歷史推演而日益增加。中國漢民族之神祇信仰起源於古代的自然崇拜、靈魂崇拜，隨後因儒家思想興起成為文化主流後，祖先崇拜與聖賢崇拜也匯入傳統信仰之中，組成古代官方與民間共同的神祇信仰內容。在《周禮・春官・大宗伯》載：「以冬日至，致天神人鬼，以夏日至，致地示（祇）物魅，以禬國之凶荒，民之札喪。」由此可見其信仰對象的內容相當廣泛，包括了天神、地祇、人鬼、物魅等四大類。天神是指日月星辰等天象，地祇是指土地以及山川河嶽，人鬼是指鬼靈與祖先，而物魅則是指人以外的生物，甚至是無生物。漢人傳統信仰中崇祀的諸多神靈大致可區分為兩大群，一是較為穩定的一群，為天神、地祇及祖先；二是較不穩定的一群，為厲鬼及物魅。而這些崇拜的對象在歷史的催化之下，多數也都以擬人化的形象呈現出來，形成傳統宗教信仰豐富的面貌之一。

　　東漢末年以後，佛教東傳，也將諸佛、菩薩、羅漢等信仰傳入中國，逐漸成為漢人所信仰之神祇。同時道教興起，一方面繼承中國古代神祇信仰內涵，又承繼儒家之祖先、聖賢崇拜與民間鄉土神祇並加以系統、架構化，另一方面也吸收部分佛教神祇使之漢化。由於道教產生於中國本土，具有濃厚的漢民族文化特質，因此很容易被廣大庶民所接受，其神祇信仰便成為社廟神祇的主要內涵，並隨著道派的傳承而被後世民眾所繼承。漢民族的社廟神祇信仰即是以道教諸神為主，並吸收儒教、佛教之神祇信仰，成為十分龐雜的神祇體系。而台灣漢人社會之社廟信仰，即繼承此一傳統，再經過數百年來所累積發展出的本土性神祇，共同構成龐雜的神祇世界。

南投市配天宮集合了媽祖廟、觀音寺（慈雲寺）與日治時期被拆的城隍廟（指南宮）。

　　台灣社廟神祇信仰之發展，隨著漢人移民社會背景脈絡而逐漸產生在地化的特質。台灣漢人移民社會發展史，雖然迄今不過三、四百年，但此期間由於政權交替頻繁，使得社會發展的脈絡也呈現相當複雜的現象。

　　一般台灣史的研究者，多以政權轉換為基礎，將漢人族群在台灣的移民歷史大致區分為荷據時期、明鄭王朝時期、清領時期、日治時期與民國時期幾個階段。在社廟神祇信仰之發展方面，宗教學者董芳苑在探討台灣民間信仰時，認為由於族群的移動與政權的變遷，前後歷經四個階段的變化，即：

1 分類信仰階段：閩、粵移民開拓的當時，各族群因為祖籍地的不同，信仰對象有相當大的差別。因此往往為了某種糾紛或宿怨，發生了以鄉土神明的廟宇為團結方式的分類械鬥。這時期的民間信仰尚處於分類信仰的階段。

2 信仰一致化階段：社會秩序上軌道以後，政界人士或地方仕紳出而領導，開始打破鄉土色彩及語言的隔膜，民間信仰的祀神漸趨融合且普遍起來。此係民間信仰一致化的階段。

3 信仰動搖階段：日本政權全面干涉民間信仰，強制實施皇民化運動，禁止各種歲時或神誕的廟宇祭典，並拆毀廟宇、焚化神像。這時期可稱為民間信仰動搖的階段。

4 信仰復興階段：台灣二戰結束以後，信仰重獲自由，民間信仰迅速勃興，迎神賽會如雨後春筍，巫覡、術士到處活躍。因此這二十多年（迄八○年代）來可稱為民間信仰復興階段。

神祇信仰發展階段

參照台灣史學者對於台灣歷史的分期，與董芳苑的民間信仰四階段說，根據漢人社會的實質脈絡而言，台灣神祇信仰的發展大概可區分為開拓期、發展期、融合期、動搖期、復興期五個階段。

王爺職司逐疫，故在先民開創時期即頗受崇祀（南鯤鯓代天府五府千歲）。

神農大帝在傳統信仰中是主宰五穀與醫藥之神，在早期社會信仰普遍（台南市神農街藥王廟）。

① 開拓期

　　從荷據時期與明鄭王朝時期，一直到入清版圖之初，台灣漢人社會正處於移民初期，移民數量尚少，加上政治上的變動，社會結構尚未成形，聚落也尚未發展完全，故可視為「開拓期」。在此一階段，唐山閩、粵漢人在移民過程中，首先必須面對橫渡台灣海峽黑水溝之風險，故神祇信仰以具有庇佑航行安全者為主，如天上聖母、水仙尊王、四海龍王、玄天上帝等。而在漢人移民來到台灣落腳之後，基於墾殖的需要，土地神（福德正神）與神農大帝（五穀先帝）等具有庇佑農業生產功能的神祇，也成為民間信仰重要的神祇。除此之外，移民起初在面對台灣這一個熱帶海島型地理環境時，總有水土不服而導致疾病流行之情形，造成家庭與社會的不安，故醫藥之神如保生大帝、藥王，以及逐疫之神諸府王爺等，也普遍受到民眾之崇奉。

2 發展期

　　清廷統治台灣一段時間之後，政治上進入一個較爲穩定的局面，漢人移民大量來台，各籍移民大致依據地緣關係形成聚落，墾殖生計也逐漸進入穩定發展，一直到清代中葉，台灣漢人社會結構達到完整，此一階段可稱爲「發展期」，相當於董芳苑所說的「分類信仰階段」。清代初期，台灣漢人社會民眾講究血緣族群關係及出身地域觀念，彼此之間多形成一種相互競爭的態勢。由於社群的組成主要是以祖籍的地緣關係爲基礎，在彼此之間沒有明顯的血緣關係之下，就很自然地以神祇信仰之「神緣」取代了傳統漢人社會所注重的「宗族」式血緣，成爲凝聚族群的主要力量。

　　因此，各移民群所崇奉的神祇，除了與民生有關且各族群皆有崇奉的神祇之外，便以其原鄉的鄉土守護神爲主，形成一種信仰分類的情形。如泉州三邑人信奉觀音佛祖，泉州同安人信奉保生大帝、霞海城隍，泉州安溪人信奉清水祖師、保儀尊王、法主公，泉州南安人信奉廣澤尊王；漳州人信奉開漳聖王、慚愧祖師；閩西汀州人信奉定光

宗祠家廟的建立，標誌著漢人社會在台灣真正落地生根的情況（西螺張廖家廟崇遠堂）。

古佛；潮汕人信奉三山國王；嘉、惠客家人信奉三官大帝等。由於族群之間在生活資源上的競爭劇烈，加上語言、風俗習慣上的差異，彼此之間時有大規模的「分類械鬥」發生，而族群競爭的結果，雖然造成社會的不安定，但也強化了族群鄉土守護神的信仰。

3 融合期

　　自清中葉之後一直到日治初期，由於各種農、礦實業之蓬勃發展，台灣漢人社會在經濟上逐漸達到前所未有的富裕情形。經濟上的富裕帶動了商業、手工業等行業之興盛，吸引著泉、漳、客籍之外的族群陸續來台發展，定居的結果也使得漢人族群對台灣本土產生高度認同而逐漸在地化。加上分類信仰與械鬥既妨礙台灣漢人的團結，更會影響社會治安，於是官方與地方仕紳便出面誘導，呼籲族群和諧相處，使得族群之間有逐漸融合的趨勢，這一階段可視為「融合期」。

書院是傳統教育之主要基礎，台灣各地多主祀文昌帝君以庇佑學子（南投草屯登瀛書院）。

新北市泰山明志書院。

　　此一時期，官方與仕紳透過傳統信仰的通俗化，企圖打破以鄉土神祇為中心的信仰模式，降低對於鄉土神祇之倚重，並以祀典神祇廟宇之建立及祭祀，來達到統合宗教信仰之目標。根據清《嘉慶會典》之規定，有五項規範神祇信仰的官廟祭祀原則：（1）社稷神祇則以祀。（2）崇德報功則以祀。（3）護國佑民則以祀。（4）忠孝節義則以祀。（5）名宦鄉賢則以祀。在此前提下，各級行政建制大量建立官祀廟宇，如文廟（孔廟）、武廟（關帝廟）、城隍廟、天后宮、社稷壇、先農壇、山川壇、風雨雷電壇、厲壇、文昌祠、忠義孝悌祠、烈女節婦祠等。以官廟祭祀取代地緣廟宇之團結方式，雖然此一政策未能完全減低各漢人族群對於鄉土神祇之倚重，但對於信仰之通俗化與消弭族群間之衝突卻有明顯之作用。

南投竹山聖義廟主祀紅旗公像，其職司為護民行義的正義形象。

　　除此之外，在此一階段，許多本土性的神祇信仰也紛紛出現，如民變事件與分類械鬥之下所產生的義民爺信仰、為了收埋集體死亡無主枯骨的大眾爺（萬善爺、百姓公、老大公、金斗公）信仰，以及各地紀念鄉賢、節婦、烈女的信仰等。這些本土信仰的發展，除了標誌著台灣漢人社會走向在地化的發展之外，也都具有明顯止息族群嫌隙的重要象徵意義。

4 動搖期

台灣進入日治時期，由於政權的轉變，日本殖民政府企圖透過政治之力量，加強台灣社會的管理，雖然終止了許多清代以來的族群爭鬥，但也因此逐漸改變台灣人民的傳統文化，造成漢人文化的快速變遷，此一階段可視為「動搖期」。在這一時期，殖民政府對於台灣漢人的傳統信仰也企圖加以轉化，首先透過各種研究與調查，來了解台灣漢人的傳統宗教信仰，諸如成立「舊慣習俗調查會」對漢人社會的習俗加以整理記錄。總督府進行宗教調查，於大正八年（1929）完成《宗教調查報告書》第一冊，充分表現出日本殖民政府當局對於瞭解「台灣民間信仰」之用心。

台北市孔廟原位於台北城內，日治時期遷建於大龍峒現址。

彰化開化寺為彰化地區最早的佛寺，日治時期前殿因拓寬道路而被拆除。

　　一九三七年「七七事變」發生之後，日本帝國之「軍國主義」抬頭，殖民政府開始推動「皇民化運動」，企圖同化所有殖民地之文化，首當其衝者便是台灣人的傳統宗教。於是日本官方頒布「寺廟整理原則」，由當時的中壢郡開始執行，其重點在於壓制道教與民間信仰，如在「寺廟神之昇天」運動，攻擊民間信仰的迷信部分，同時進行「寺廟整理」來加以整頓，許多主神為道教與民間信仰神祇的社廟，只好暫時依附在佛教羽翼之下或改祀觀音佛祖為主神。而清代的許多官祀廟宇也因為廟產被政府接收，導致信仰祭祀荒廢。日本殖民政府對台灣傳統宗教信仰所實行的迫害，旨在消除台灣人的文化認同，但此一行為，卻也加速了台灣傳統宗教信仰的本土化走向，這點正可從戰後民間信仰的勃興現象看出來。

5 復興期

　　日治末期，殖民政府的寺廟整理政策雖然造成傳統信仰的動搖，卻也留下珍貴的宗教調查記錄，如《宗教調查報告書》、《寺廟台帳》等，對於我們研究清末的信仰狀況有相當重要的助益。二次世界大戰結束，日本戰敗退出台灣，直到國民政府遷台初期，台灣社會曾有一段期間處在政權交替之下而呈現社會動亂、經濟衰退之情形。但在六○年代末期政權穩定之後，社會、經濟隨之恢復生機，民間文化也逐漸興盛，尤其是在八○年代解除戒嚴之後，進入空前勃興的狀況，這一階段可稱為「復興期」。

戰後國民政府自中國引進北方式（清官式）建築式樣，對台灣六○年代以後的寺廟建築影響頗巨（日月潭文武廟）。

戰後重建或新建之寺廟，多有採RC結構取代傳統木結構並往高度上發展之趨勢（左營啟明堂）。

　　台灣在二戰結束後初期，雖然國民政府實施戒嚴，就民間集會結社與言論自由加以嚴格控制，但對於宗教信仰則採取放任的政策。在傳統宗教信仰的發展方面，只有本土佛教因為受到蘇北佛教僧侶大量來台而被壓抑，傳統的社廟信仰除了廟會活動受到限制之外，並未遭受打壓，得以逐漸的恢復。加上經濟上的快速成長，也使民眾更有餘力從事宗教信仰行為。

　　台灣傳統漢人神祇信仰在此一背景之下，迅速恢復並呈現更為明顯的本土化發展，尤其在八〇年代解嚴之後達到顛峰。其中如王爺信仰由早期的送瘟逐疫之神，演變成為全能護衛之神，各地的無主孤魂信仰，在賭博風氣興盛之下也成為信仰大宗；土地神信仰則由單純的農業神，進而成為財神，以及許多本土性神祇之出現，如廖添丁、蔣王爺（又稱「中正天君」）、王母信仰等。這些深具本土特色的神祇

信仰，也使得台灣社廟之祀神更加豐富。其次，由於台灣地區快速都
會化的發展情形，使得人口集中的都市地區出現許多神壇，主要供信
徒問事，供奉的神祇因此多具有解決疑難雜症的功能，諸如三太子、
濟公、王爺等，也成為台灣近代在社廟信仰之外的特殊宗教信仰現
象。

新北市八里漢民祠中的廖添丁像。

新北市八里漢民祠後的廖添丁墓。

王母信仰是台灣戰後發展蓬勃的神祇信仰（台北市松山慈惠堂）。

台灣社廟的發展脈絡

　　台灣的社廟為傳統宗教信仰之下的產物，與移民社會的發展之間具有密切關係，又與神祇信仰之發展緊密相連。台灣地區廟宇的數量，隨著漢人社會的發展而日益增加。根據內政部民國九十一年十月發表的統計資料，登記在案的寺廟有九千三百九十四座[1]，但民間未正式登記的壇廟數量，保守估計應有此一數量的兩倍之多。台灣的廟宇數量眾多，密度也十分可觀，在已登記的眾多廟宇之中，以公共祭祀性質的「社廟」（募建）居多，共計八千八百一十五所，占百分之九三點三八[2]，比起民國四十九年時的四千四百二十座，足足有二倍之多。台灣廟宇數量的成長，並不因為台灣社會的快速現代化而有所停頓，反而隨著經濟富裕而大量增加。而從清初以來到近代台灣社會的脈絡中，我們也可窺見社廟建立與發展的重要背景。

社廟建立之動機

　　台灣早期漢人移民，為了渡海、拓荒、保境的安全起見，處處有賴神靈的庇佑保護。從移民之初，為了渡海的安全多會隨身攜帶原鄉的神祇神像或香火，來到台灣從事墾殖之後，又向神祇祈求生產豐收，同時庇佑平安健康，以免為天災、疾病所擾。而在族群競爭之下，來自於原鄉

1　內政部民政司，2002，〈全國各直轄市縣市寺廟建別統計表〉，《全國寺廟名冊》。截至2014年內政部所公布的寺廟（含財團法人寺廟）共有12,079座，參見內政部網頁：https://religion.moi.gov.tw/Home/ContentDetail?cid=Report。

2　內政部民政司，2002，〈全國各直轄市縣市寺廟建別統計表〉，《全國寺廟名冊》。

王爺信仰反映出台灣早期民間對於驅逐瘟疫的需求（台南市南廠保安宮）。

的神祇又成為族群凝聚的中心。此外，在村莊逐漸發達，市街形成之後，民間經濟結構有了轉變，從事生產之外的各種工匠業、商業、服務業等紛紛興起，社會分業漸細，發展出行業守護神。而經濟富裕更促進了廟宇的建立，以之酬謝神祇的庇佑。歷史學者莊芳榮即認為台灣早期興建廟宇的動機，除了答謝神明庇佑來台成功之外，主要有逐疫的心理、鄉土的觀念、豐收的祈求、職業的分類等[3]；除此之外，由於台灣社會族群關係複雜，凝聚族群的向心力也是建立廟宇的重要動機。茲分述如下：

---

3 莊芳榮，1987，《台灣地區寺廟發展之研究》，頁23，文化大學史學研究所博士論文。

1 逐疫之心理

台灣漢人移民之初，首先即需面臨航海、瘟疫與番害三項問題。清初以前，由於台灣大部分地區林木茂密，毒蛇、害蟲、瘴氣、潮溼皆有害人體健康，使得初履此地者，水土不服，易生疾病，加以海上交通阻隔，缺乏專業醫師。先民一方面進行艱苦的墾拓生活，一方面又常遭受瘟疫的肆虐，使生活陷入緊張恐懼之中，在無法控制疾病瘟疫的時候，唯有求助於鬼神，於是醫藥之神如保生大帝、神農大帝、藥王，以及具有驅瘟逐疫功能的瘟神王爺等信仰便大為興盛，並廣為建廟供奉。尤其是在台灣中南部沿海及澎湖地區，各姓王爺更備受崇奉，成為台灣神祇信仰中數量最多的一群。以驅瘟逐疫為主要目的之王醮祭典，也成為台灣漢人社會中最盛行的祭典活動。保生大帝、神農大帝與王爺信仰的興盛，即反映出台灣漢人逐疫之心理。

以送王船為主要標誌的王醮醮典盛行於台灣西南沿海地區，亦反映出漢人社會的逐疫心理（西港香送王遊天河）。

2 鄉土的觀念

傳統漢人社會是一個宗法社會，十分注重血緣關係，並以此作為組成族群的基礎。明末清初，緣於移民禁令與傳統安土重遷的觀念等

小型土地公廟在台灣各地普遍可見，反映出早期農業社會對於豐收的祈求（桃園大溪）。

因素，閩、粵漢人的移民一般少有舉族遷徙之情形，故移民之初很少出現血緣性聚落。當移民在台灣逐漸定居且人數愈來愈多之後，基於人不親土親的鄉土觀念，很自然地就以同籍的地緣關係作為聚居的動力。加上這些來自於相同祖籍的漢人族群，在唐山原鄉時本多崇奉共同的鄉土神祇，來到台灣之後，原鄉的鄉土神祇就成為同籍族群的守護神，並加以建廟奉祀，在彼此之間沒有血緣關係可供認同的情形之下，以信仰緣所形成的「擬親」關係[4]，就成為凝聚聚落的主要力量，而定期性的廟會活動，也成為聚落之內強化鄉土觀念與相互交流的表現。尤其在清代各族群間競爭劇烈而發生械鬥時，奉祀族群守護神的廟宇，更成為各族群認同與凝聚向心之主要地點。

3 豐收的祈求

　　早期台灣漢人的生計，以農林漁業之生產為主，靠海者討海維生，居平地與山麓者則多是種田（水生田、旱田），祈求豐收就成為

---

4 以崇奉同一神明所形成的擬親關係或可稱為「信仰緣」，而有別於漢人社會中傳統的血緣和地緣關係。

護生之主要心理，因此人民很自然地會祈求神祇庇佑。諸如討海者祈求海上守護神媽祖庇佑海上平安、漁貨豐收，所以早期的碼頭、港邊都建有媽祖廟，漁船、商船在出海之前與回港之後都會上香祭拜，而在船上也多供奉小型媽祖，稱爲「船仔媽」。

農耕者則基於「有土斯有財」的傳統習俗，祈求土地公庇佑農作物順利成長，家畜平安，因此台灣到處遍布著土地公廟，所以有「田頭田尾土地公」的說法，而土地公也成爲商家所供奉的財神，並在陰曆每月初二、十六祭拜，稱爲「作牙」或「牙祭」。除此之外，傳統聚落中也多建有土地公廟，每年陰曆二月初二與八月十五，爲土地公生日與千秋聖誕日，民眾都會準備豐盛供品到附近的土地公廟祭拜，是爲古代農業社會「春祈秋報」精神之傳承。基於農、漁業豐收的祈求，台灣一直到日治時期爲止，媽祖廟與土地公廟的數目，一向位居單一主神廟宇的前茅。

4 職業的分類

　　台灣漢人社會自從聚落發展出市街之後，行業種類逐漸增多，社會組織日趨複雜。於是有了職業上的分工、工藝專門化及各種作坊產生，也吸引許多唐山師父前來落腳。後來，各種不同行業的工匠、從業人員便聯合組成同業公會，以穩定產品之品質水準與市場行情。而在傳統漢人社會中，各行業都有各自的職業守護神（行神、祖師

關聖帝君因生前重義氣且家中帳目分明，故常被商家奉為守護神（新北市三峽行修宮）。

台灣屠宰業奉祀玄天上帝為行業守護神（彰化張天師府）。

北管軒社西皮派奉祀田都元帥為戲曲守護神（新北市汐止忠順廟）。

爺），並祈求守護神庇佑其技術與生計，因此，各職業團體即以職業守護神作為凝聚團體成員的核心，定時舉行集體性之祭祀，並進行成員之間的聯誼活動，進而建立廟宇加以供奉。

　　台灣漢人的職業守護神，較為普遍者，如木匠與石匠、泥瓦匠、鐵匠等，分別崇奉魯班先師、荷葉先師與九天玄女、爐公先師等；理髮業崇奉孚佑帝君呂洞賓；屠宰業崇奉玄天上帝；紡織業崇奉嫘祖娘娘；造紙業崇奉蔡倫；中醫師、中藥業、米穀業崇奉神農大帝；戲班崇奉田都元帥、西秦王爺、郎君爺；命相家崇奉鬼谷先師；讀書人崇奉文昌帝君；商人崇奉關聖帝君等。供奉這些神祇的廟宇，也都成為各行業從業人員祭拜的對象。

台灣社廟發展階段

台灣社廟的發展歷史，隨著漢人移民聚落的開發而呈現出不同的面貌。一般學者主張以清末、日治初期為準，將台灣廟宇的發展概略分為兩大階段，因為清末之前的歷史較長，故日治之前的廟宇發展又可細分為四個階段。如傳統建築學者李乾朗主張分為「渡台期」、「農業期」、「商業期」與「綜合發展期」等四個階段[5]，而已故民俗學者劉枝萬則區分為「先民開創時期」、「庄社構成時期」、「庄社發展時期」與「城市形成時期」[6]，名稱雖異但實質精神相似。現以劉枝萬對於日治時期之前台灣廟宇發展的分期為主，再加上日治時期與台灣二戰結束以後二階段，略述如下：

1 先民開創時期

在渡台初期，由於漢人移民必須先經過險惡的海上航行過程，順利越過「黑水溝」之後方可登陸台地，即便是登陸之後又必須面對另一個陌生環境的諸般考驗，以及原住民之侵擾。因此為了祈求生命財產的平安，乃隨身攜帶原鄉廟宇神明之香火或神像（如媽祖、開漳聖王、關聖帝君、觀音佛祖、祖師等），以為護符，俟抵台之後，即將香火或神像供於工寮、公厝或居屋，朝夕膜拜，以祈求平安。

此一時期，具有護生及驅瘟逐疫職能之神祇，如保生大帝、神農大帝、王爺等，也備受崇奉，在這期間雖然不一定有較為形式化的廟宇出現，但香火的移植與傳播即成為信仰發展的基礎。等到生活較為穩定之後，即聚金建小祠供奉以答謝神恩，或供奉於住宅公廳，對外開放讓鄰近信眾祭拜，但瘟神王爺因為具有神煞二元並存的性質，故祭祀雖然隆重，但在早年較少被建廟奉祀。

---

5 李乾朗，1986，《台灣的寺廟》，頁12-13，台灣省政府新聞處。
6 劉枝萬，1963，〈清代台灣之寺廟〉，載於《臺北文獻》第4期，頁101-102。

台南市定古蹟德化堂創建於清道光年間，屬齋教龍華派齋堂。

奉祀福德正神的福德祠在台灣漢人開發史上具有聚落發展的指標意義（宜蘭縣定古蹟頭城北門福德祠）。

2 庄社構成時期

　　漢人移民在台一旦開墾成功之後，建立村莊，而逐漸形成定居之型態，漢人社會發展進入庄社構成時期，亦即農業期。緣於墾殖的關係，人與土地之間具有較為密切的關係，於是和農業有關的廟宇，如以五穀、瘟疫、土地等神明信仰為主者便逐漸出現，如各地的土地祠、五穀先帝廟、王爺廟等，其中以土地祠之普設為其特徵。

　　隨著漢人族群開發的腳步，不論田野或村莊，莫不設有簡單的土地祠，土地公成為祈求五穀豐收、闔境平安之對象。爾後，庄社基礎更為穩固，漢人社會愈趨複雜，則祈求平安之願望日益殷切，於是其他守護神之崇祀亦隨之加入。

3 庄社發展時期

　　等到庄社基礎已臻穩定，開拓的事業欣欣向榮，聚落市街發展成形，漢人社會即進入庄社發展時期。此一時期，商業貿易亦開始發展，社會走向細密分工的型態，即台灣清代社會的商業期。隨著生產

工藝守護神魯班先師、荷葉先師、爐公先師（台中東勢巧聖仙師廟）。

力之提高，擁有財富之頭人、仕紳在社會上具有相當的號召力，即發起興建宏偉之廟宇，又由於社會進步，機構複雜，祀神種類亦自然地日漸增加。

此一時期的廟宇特色有五：一、文昌祠之興建，此乃緣於經濟發展，生活安定之後，逐漸重視子弟的教育，乃建書院，以為教育場所，並奉祀文昌神，以為士子之守護神。二、齋堂之興建，因社會環境日趨複雜，人們頗有世態變異之感，禮佛誦經，祈求解脫苦海，於是齋友們即創設齋堂，以為共修之場所。三、職業守護神之發達，街市既已形成，職業分化日細，各同業即發起籌建屬於各行業的守護神廟宇，如遍布各傳統商業聚落的關帝廟、醫藥團體之華陀先師或神農大帝、音樂戲劇團體之田都元帥與西秦王爺等。四、鄉土神明的隆盛，由於漢人鄉土觀念十分強韌，各漢人族群基於地緣關係，彼此相互扶持以謀發展，乃同奉原鄉之鄉土神為守護神，並建廟以作為同籍

凝聚之具體象徵，如漳州人之開漳聖王、泉州同安人之保生大帝、閩
南粵東潮汕人之三山國王等。五、家廟祠堂之興建，由於漢人社會族
群關係複雜，彼此之間爭鬥頻繁，甚至姓氏之間械鬥事件亦時有所
聞，故除了同籍族群之間的團結之外，同姓族人更須團結合作以禦外
侮，從而促進了家廟祠堂之建立。

　　此外，也因爲兩岸之間商業貿易的熱絡，海上交通頻繁，於是
具有庇佑航海安全功能的神祇如媽祖、水仙尊王等受到崇奉並建廟祭
祀。因此，商業期可說是清代台灣廟宇建設最爲發達之時期，許多有
名的古廟也多建於此時。

桃園市定古蹟大溪齋明寺建於清道光年間，原爲齋教龍華派齋堂。

▲ 城隍信仰盛於明代初期，清廷曾下令各府、州、縣建立城隍廟（台南市台灣府城隍廟）。

◀ 台南市祀典武廟主祀武聖關公，是全台第一座官建武廟。

4 城市形成時期

　　等到漢人聚落街肆發展到一個規模之後，即擴大為城鎮，成為郡城或邑治，開始具有地方政治、產業、交通中樞之功能，人民日益聚集，漢人社會便進入城市發展時期，亦即「綜合發展期」。此一時期，由官方興建或官民合建的廟宇大量增加，如文廟、武廟、城隍廟、社稷壇、節孝祠、旌義祠、昭忠祠等，一般都具有明顯的儒教色

彩，甚至成為官方的祀典廟宇，其目的主要在宣揚名教，移風易俗，雖由官建，但亦孚民望，這也是社廟信仰逐漸統一的階段。

　　此外，在商業期之前，由於神祇信仰在「功能」上較為單純，故多數廟宇以供奉單一神祇為主，等到商業期發展到一定程度時，基於不同信眾以及不同信仰功能的需求，廟宇中的祀神也因而逐漸增加，加上社會關係日益密切，使各廟宇及其神祇信仰便在無形中被納入一個鬆散的體系架構。最為明顯的就像在台南、鹿港等歷史較為悠久的傳統聚落中，各神祇之間有了所謂「神格」的高低差別，因此各廟宇也有等級地位上的不同，以公廟（即社廟）來說，諸如澎湖地區有閤澎廟、庄廟、甲廟等；台南府城有闔府廟、聯境廟、境廟；鹿港地區有閤港廟、角頭廟；艋舺地區有公廟、角頭廟等，不一而足。除此之外尚有宗教師（道士、法師）所設的「私壇」，此即台灣傳統廟宇在綜合發展期的最大特色之一。

台灣的孔廟多為官建或官民合建廟宇，主要目的在於宣揚名教（彰化孔廟）。

5 日治時期

　　日本殖民政府治台初期，雖然表面上對台灣傳統宗教信仰採取寬鬆的態度，但實質上已準備透過「寺廟整理政策」對台灣廟宇加以整頓，尤其是對於清代官方祀典廟宇更企圖全面加以廢除。雖然一方面不干涉民間宗教信仰，另一方面卻又冠以迷信二字，試圖掃除並積極提倡日本神道教，獎勵日本各宗教進入台灣。此一時期，在殖民政府對於台灣漢人信仰的貶抑之下，台灣廟宇的發展可說是進入了一個黑暗期，許多大型公廟或被日軍占據，或被殖民政府沒收，尤其在日治末期殖民政府大力推展所謂的「皇民化運動」，台灣民間除了佛教神明之外，許多神像多被以「送神上天」的藉口加以強制沒收銷毀，或被集中供奉於少數寺廟中，或原屬道廟性質者同時奉祀佛教、菩薩等，許多民間信仰與道教廟宇也因此受到破壞。

日治時期嘉義市境內道廟神祇被集中奉祀於城隍廟。

彰化市境內寺廟在日治時期被政府接管，著名的南瑤宮迄今仍歸彰化市公所管理。

6 台灣二戰以後

台灣二戰結束後初期，國民政府以一向排除迷信的民政政策，且延續日治初期表面上之宗教自由氣氛，但對於台灣傳統廟宇破壞的情形仍然持續發生，只是破壞的對象由日本人變為來台的「國軍」，尤其是在一九四九年國民政府自中國撤退之後，駐紮各地的國軍往往占據了廟宇作為營舍，由於對信仰的不尊重也產生對廟宇無可避免的破壞，這種情形一直要到五〇年代之後才有所改善。六〇年代由於台灣社經環境逐漸改變，民間經濟力量也持續地增長，因此傳統宗教信仰得到復甦的機會，而各地的廟宇也紛紛進行大規模修繕或重建，尤其是在八〇年代中期解嚴之後，許多新建的廟宇與大小私壇更在全台各地如雨後春筍般地出現，成為廟宇發展的空前盛況。

中壇元帥原為大廟常見的配祀神，近代由於宮廟、神壇供奉普遍，成為民間常見的神祇信仰（高雄市三鳳宮）。

Chapter 3
台灣社廟的型態

　　台灣漢人傳統的宗教信仰由於採取「社會」的習慣，以社會民，而沒有嚴格的教義與信徒組織，亦無西方制度化宗教之具有單一的教主或宗教領袖，因此廟宇便成為民間最重要的信仰中心。也由於傳統漢人文化中濃厚的神靈信仰，加上移民墾殖過程艱辛等因素的影響，幾乎有漢人移民聚落的地方就有廟宇的建立，廟宇因此成為聚落的發展中心。因而以廟宇為核心的祭祀對象（神祇）、祭祀空間（建築物）、文物等，便成為認識台灣社會與傳統宗教信仰的最佳對象。

　　在台灣民間傳統中，一些歷史較為悠久且香火鼎盛的廟宇，通常都會有一些共通點，亦即廟宇建築規模宏偉、廟埕空間寬廣、廟宇文物豐富等，往往成為地區聚落的信仰中心。此外，廟宇也因位於聚落中最重要的公共空間，除了成為公共事務處理的中心之外，更因為比起其他的公共空間更具有開放性與親和性，加以建築裝飾與文物的豐富，而成為重要的休憩與教育中心，所以台灣傳統廟宇乃有民間的藝術館與社教中心之譽。

台南市天壇主祀玉皇大帝，素有台灣首廟之稱。

台灣社廟的名稱

　　關於台灣廟宇在建築物規制的名稱大概有二十種之多，這些名稱往往與廟宇的類型之間有相當程度的關聯。根據傳統漢文化的祭祀行為來說，祭祀空間作為「人間」與「超自然」之間溝通的場所，「國」與「天地」相通處稱為「殿」，「家」與「天地」相通處稱為「堂」。而祭天地之神用「壇」，祭人鬼用「廟」，祭一姓祖先之處為「祠」，祭道教神祇者為「觀」，祭佛教神祇者為「寺」[1]。這些名稱在古代專制統治時期有一定的規制，不能隨便加以使用，但隨著民間信仰在台灣廣為發展之後，許多變遷的因素已使一般台灣廟宇不易從不同的名稱來分辨其信仰屬性。但由於台灣民間所信仰的神祇在神格上有高低的差別，加上祭祀團體性質上的不同，故仍略有區別。

「殿」原為帝王舉行重要典禮之所，後成為祭祀神祇的重要場所（台北孔廟大成殿）。

彰化南瑤宮主祀天后聖母，是
彰化平原近山一帶的信仰重
鎮。

　　在傳統信仰文化中，廟宇名稱與主神神格的高低有相等的對應，
如帝王級神明用「殿」，后、侯（王爺）級神明用「宮」，其他民間
信仰神明用「祠」，佛教神明用「寺」，道教神明用「觀」等。但在
台灣民間眾多的廟宇中，除了部分歷史較為悠久且重要的廟宇之外，
很難從這些不同名稱看出其在體制上的差別。因此，台灣民間信仰
中，廟宇的名稱並不是最重要的，在台灣的廟宇建築史上，門的數目
與殿堂的進數、開間數、棟架數、高度以及廟宇座向才是關鍵。神格
較低的神祇若無特殊的貢獻或追封，是不能逾級使用的，否則會被認
為是不當僭越的作法。但近代這種廟宇建築上的規制已顯得十分鬆
散，尤其是近卅年來重建或新建的廟宇幾乎已不遵守傳統的規制了。

　　台灣廟宇慣用的名稱有十五種[2]，依照廟宇數量概略估計，分別
為宮、寺、府、殿、壇、祠、堂、廳、廟、巖、庵、觀、院、亭、館
等，尤其以前三者在民間信仰中使用得最多，而其中部分名稱有較為
嚴格的用法，如寺為「佛寺」、觀為「道觀」、廟為「孔廟」或「武
廟」等，大體上來說各種名稱之間仍有所區別。以下即以傳統建築學
者李乾朗所提出的內容架構為基礎，分別加以說明。

　　1　李乾朗，1986，《台灣的寺廟》，頁13，台灣省政府新聞處。
　　2　李乾朗，1986，《台灣的寺廟》，頁13-15。

台北保安宮主祀保生大帝，是台北市三大廟之一。

北港朝天宮主祀天上聖母，素有台灣媽祖總本山之稱。

宮

「宮」原爲古時帝王后妃的居處，如北京紫禁城中的「乾清宮」、「坤寧宮」。而作爲祀神之處時，則凡供奉神格爲帝后、王爺級神祇之廟宇可以稱宮，如主神爲保生大帝的台北「保安宮」、各地供奉天上聖母的「天后宮」與供奉玄天上帝的「武當宮」等。但在近代則成爲一般民間信仰廟宇最普遍的名稱，如主祀中壇元帥、福德正神等神祇的廟宇也稱之爲「宮」。

府

「府」在古代通常與「第」並稱爲「府第」，「府」爲官吏主持政務的處所，「第」則爲官吏的居所。「府」作爲廟宇的名稱在中國地區甚爲少見，但在台灣則常被用作供奉「王爺」的廟宇名稱，或許因爲在民間信仰的認知中，王爺通常具有奉諭旨代天巡狩的欽差性質，故台灣的王爺廟常以「代天府」爲名，如台南地區著名的「南鯤鯓代天府」、「麻豆代天府」等。

▲ 台灣主祀王爺的廟宇常以「代天府」為名，彰顯王爺「代
　天巡狩」的職司，南鯤鯓代天府主祀五府千歲，素有王爺
　總廟之譽。

▶ 台南市神農街金華府主祀關聖帝君。

寺

　　「寺」在東漢以前是官方公務建築（辦
公處）的稱呼，佛教傳入中國後，東漢明帝
為佛教僧侶建立的第一座廟宇「白馬寺」，
此後「寺」便成為佛教廟宇的通稱。近代閩
南、台灣有不少原為佛教廟宇的「寺」，由
於信仰的變遷因素逐漸演變成民間信仰化的
廟宇，如各地的「龍山寺」即是。雖然這些
民間信仰化的「寺」與一九四九年以後許多

▲ 台灣各地的龍山寺主祀觀音佛祖，是台灣早期佛寺的代表
（艋舺龍山寺）。

◀ 彰化芬園寶藏寺主祀觀音佛祖，為昔日彰化縣「三巖二寺之
一」。

　　中國佛教教派來台發展所建立眾多的「佛寺」，在信仰內容以及形式
上已有很大的差別，但不變的是，台灣眾多的傳統佛寺主神幾乎全為
佛教神祇，這是與一般道教化廟宇最大的不同之處。

殿

　　「殿」本為帝王處理重大政事的地方，如北京紫禁城中的「太和殿」、「中和殿」、「保和殿」等，在宗教信仰中，「殿」則作為主要祀神的場所，是廟宇建築群中最高大、最重要的主體建築物，如佛寺中的「大雄寶殿」、孔廟中的「大成殿」等。台灣民間信仰中，「殿」也用來作為廟宇中祭祀神祇的建築物單位之通稱，如前殿、正殿、拜殿、後殿等。在台灣也有少數廟宇以「殿」為名稱者，但通常其主神須為帝王級神明的廟宇才可以稱「殿」，如供奉玄天上帝的「真武殿」、「北極殿」，供奉關聖帝君的「關帝殿」等。

壇

　　「壇」原指高築的祭台，是古代帝王祭祀天地神祇的空間，如北京紫禁城中的「天壇」、「地壇」等。清代在台灣各地曾有許多官方建立的社稷壇、山川壇、厲壇等，但迄今皆已不存在。在道教中執行儀式法事的空間稱「壇」，如三清壇、三界壇，以及建醮時的各種醮壇，如玉皇壇、天師壇、玄帝壇、觀音壇、福德壇等。而「壇」也作為道士主持道務之處所名稱，稱之為「道壇」。在傳統佛教中，「壇」則作為法師說法之處（講台），故有「登壇說法」之稱，後來

台南市五甲關帝殿主祀關聖帝君。

台南市東嶽殿主祀東嶽大帝。

台灣火居道士在住家設「壇」，為信眾提供宗教服務（台北威妙壇）。

五營祠俗稱營頭，多安置於傳統聚落五方，是聚落轄境之指標，具有守護聚落之功能（雲林斗六）。

沿用作為僧尼進行法事之處，稱之為「法壇」。而在近代民間信仰中一些私人所主持的祭祀空間也稱為「壇」，或通稱「神壇」。

祠

「祠」原指祭祀祖先或先賢的建築物，如宗祠、祖祠、家祠以及孔廟中的崇聖祠、名宦祠等。在台灣民間也作為小型廟宇建築或供奉無主孤魂廟宇的名稱，如各地供奉土地公的「福德祠」、供奉五營神將的「五營祠」，以及供奉有應公、百姓公的「萬善祠」等。

堂

「堂」原指一組建築居中之處的「正屋」，如傳統民宅中的祖堂，在廟宇中也作為建築物單位的稱呼，而與殿並稱為「殿堂」。「堂」在台灣民間廟宇中使用得很廣，原本多指傳統佛教或齋教的小型建築物，通稱為「佛堂」，如台南德化堂、西華堂、擇賢堂等。後來也有許多民間信仰或民間教派廟宇以堂為名的，如著名的「慈惠堂」，以及各地崇拜恩主公的「鸞堂」等。

廳

　　「廳」爲堂屋的另一種稱呼，常與「堂」並稱爲「廳堂」，在台灣一般民宅中，也作爲祭祀神明祖先的處所，稱之爲「祖廳」或「公媽廳」。清末時期，「廳」則成爲殖民政府的行政區域名稱，如宜蘭舊名爲「噶瑪蘭廳」、大台北地區爲「淡水廳」等。在台灣民間廟宇中「廳」的名稱用得極少，如台南六甲關帝殿原名「關帝廳」、台南祀典武廟後殿爲「三代廳」，其左旁有「馬使爺廳」等。

廟

　　「廟」在古時多指「宗廟」，如舊制天子七廟、諸侯五廟、大夫三廟、士一廟等。近代則作爲一般供奉神明的建築空間之名稱，通稱爲「寺廟」或「廟宇」。在台灣由官方所建立或祭祀的廟宇，一般稱爲「廟」，如各地的文廟（孔廟）、武廟、城隍廟等，也有姓氏宗族將供奉祖先之所稱爲「家廟」。

傳統民宅中祭祀神祇、祖先之所，閩籍人士一般稱爲公媽廳（彰化鹿港）。

「廟」原爲古代士以上階級祭祀祖先之所，後成爲官方祀典廟宇之名稱（台南孔廟）。

▲ 「巖」原指山邊之佛寺，台灣各地主祀清水祖師的廟宇多
　冠用安溪祖廟「巖」為廟名（艋舺清水巖）。

◄ 桃園龜山壽山巖主祀觀音佛祖，為龜山地區主要公廟。

巖

　　「巖」原是以山窟為寺廟或位於山崖處據險而建的佛寺，如台
北的「芝山巖」、「碧山巖」、「泰山巖」，以及桃園龜山「壽山
巖」、彰化花壇「虎山巖」等。而台灣各地供奉清水祖師的廟宇，因
閩南的祖廟稱為「清水巖」，信仰傳播來台之後遂將廟宇沿用「巖」
的名稱，如著名的三峽「長福巖」，以及艋舺、淡水的「清水巖」
等。

庵

「庵」原是用茅草所蓋的小屋，或因爲早期僧尼所居住的小屋多有結草爲之者，故轉用爲僧尼供佛的小舍，後來也沿用於小型佛寺的稱呼，如各地供奉地藏王菩薩的「地藏庵」、「海會庵」等，在台灣也將女性僧人（比丘尼）修行之地通稱爲「庵」。

觀

「觀」本指宮殿的高大門闕，後來則專指道士修行與祀神的處所，稱之爲「道觀」，如著名的北京「白雲觀」。台灣的道士由於多爲居家的「火居道」，平時並不長住於廟宇道場中，故台灣的道觀事實上多無道士居住修行，而僅成爲單純的道教廟宇。主祀玉皇大帝的彰化「元清觀」，是台灣極少數以「觀」爲名的道教廟宇。

新北市新莊地藏庵原爲大衆廟，後因主祀地藏王菩薩而改稱地藏庵。

「觀」爲道教廟宇的名稱，但台灣以觀爲名之道廟十分罕見，彰化市元清觀主祀三官大帝，俗稱「天公廟」。

▲ 台灣清代各地設書院以培養士子（南投市藍田書院）。
◀ 亭在台灣常用以稱佛寺（台南市大觀音亭）。

院

　　「院」在古代稱為「官廨」，後來轉用為書院、寺院的名稱，在台灣「院」除了各地清代所設的書院之外，多用於佛教寺廟、齋堂，且多專供作僧尼、居士修行之清淨之地，故常位於遠離城鎮聚落的山林之中，如各地的禪院、淨業院等。

亭

「亭」在傳統建築中原只有屋頂樑柱而無牆壁門窗的建築，是一種中介性質的建築物，常與「軒」並稱爲「亭軒」，常被建於庭園、郊野，其目的多在供人休息乘涼之用，後來也沿用爲佛教廟宇的名稱，如澎湖馬公、台南市的「觀音亭」。

館

「館」原爲客舍，近代也將宏偉的建築物稱爲「館」，如旅館、博物館、圖書館等。「館」在古代常作爲客旅寄居之處或同鄉會的公務、住宿建築，早期在台灣由於各祖籍移民爲了聯繫同鄉情誼，常建立會館作爲聯絡之處，因各同籍移民將迎自祖籍地的守護神奉祀在會館之中，故後來多成爲族群性質的廟宇，如艋舺、鹿港、台南等地皆有「金門館」，爲金門同鄉所建立的廟宇，主祀金門守護神「蘇府王爺」。

其他

除了上述十五種較爲常見的廟宇名稱之外，尚可見到的名稱有軒、閣、樓、園、社、公厝、寮、福地，但大都非中國原有的廟宇名稱，而是在台灣因地制宜，配合寄放神像或香火的屋宇之型態而取的。此外，近代由中國來台發展的佛教寺院因多建於山區，故多有將其道場以「山」爲名者，如高雄著名的「佛光山」、金山的「法鼓山」、埔里的「中台山」等。

如前所述，廟宇的類型可由其信仰屬性以及信仰範圍兩方面來加以區分。就信仰屬性來說，主要是指信仰教派上的差異，如佛教、道教、儒教、民間教派、民間信仰等。而就信仰範圍來說，則是由信仰者的人群屬性來加以區分，這種類型的區分多出現在民間信仰廟宇之中，尤其是隨著各祖籍移民群在台灣的定居與聚落的形成。而對於廟宇的類型也有信仰人群與祭祀圈範圍上的差異，如官建廟宇、人群廟、大廟、角頭廟等。

一般官祀廟宇與典型的佛、道教廟宇，以及民間教派廟宇等，由於較不具濃厚的「地方性」色彩，因此通常只有規模大小的不同，並無祭祀圈的範圍或等級區分的問

宜蘭冬山梅花湖畔三清宮是台灣北部重要的道教廟宇，有台灣道教總廟之稱。

題。但民間信仰廟宇在台灣的數量最多，分布也最廣，於是便因爲信徒人群屬性，或信仰影響範圍的大小而有不同的類型，這些類型可區分爲公廟與私壇兩大類，其中公廟部分又因其規模、性質等的差異，而有大廟、聯境廟、角頭（庄頭）廟、人群廟等種類，以及地位介於公廟與私廟之間的宗族廟。

道教宮觀

中國地區一般將狹義的道教廟宇稱爲「觀」，在台灣漢人社會中，由於道教常與一般具有濃厚巫術性質的民間信仰混合，眾多的道教化民間信仰廟宇向官方立案時，大多將廟宇以道教會團體的名義登記，因此信仰內容較爲單純而具典型化的道教廟宇數量並不多。加上台灣的道士多爲居家的「火居道」而自行設壇執業，較少如中國北方式專供道士修行的道觀，故台灣的道教廟宇便與民間信仰廟宇一樣，多偏重於神祇的奉祀，較具典型者如台北木柵的「指南宮」、宜蘭梅花湖畔的「三清宮」、彰化的「元清觀」等。

佛教寺院

佛教自東漢傳入中原後由於受到朝廷的支持，所以在發展之初即有較具規模的發展，其寺廟建築的規制亦如此，一些大型的寺廟通常被建於風光優美的山川之間，故佛寺也常成爲著名的名勝古蹟。一般較具規模的佛教寺廟中，通常都具有山門、天王殿、大雄寶殿、藥師殿、觀音殿、廂房、鐘鼓樓、佛塔等單體建築物，形成一組空間完整、動線優美的建築組群。

台灣早期的大型佛教寺廟常建於聚落邊緣附近，規模也都相當完整，兼具宮殿式建築的格局以及閩南式建築的精巧裝飾，如艋舺與鹿港的「龍山寺」、台南府城的「開元寺」與「法華寺」等，是早期

台南府城開元寺是台灣早期佛寺之重要代表。

佛寺的代表。但由於信仰的變遷，這些佛寺後來多已民間信仰化，與一九四九年之後中國佛教來台所建立的佛寺之間已有明顯的區隔。而這些近代所建立的佛寺多位於山區之處，且其建築多偏向於北方式風格，裝飾較為單純。

儒教壇廟

　　源於儒家思想傳統的祖先崇拜一向是漢人社會中重要的信仰，因此，為了表現飲水思源的情感與承續文化道統的象徵，中國古代官方與民間多有以祭祀儒家聖賢、標榜儒家精神為主的宗祠廟宇被建立，這類廟宇在性質上與傳統各宗教或民間信仰的廟宇有所差異，其神祇信仰主要仍延續傳統儒家思想所重視的祖先崇拜與聖賢崇拜，故可概稱為儒教廟宇。

古代儒教廟宇以官方所建者居多，以祭祀文、武聖賢為主，主要目的在於文化道統與儒家思想道德的推展，或是基於政權統治上的需要（詳見下節「官建廟宇」）。民間所建的儒教廟宇數量也不少，多有與傳統書院結合者，除了祭祀儒家先賢如韓愈、朱熹等大儒之外，多為主祀掌管功名、科考的文昌帝君、魁星，是民間因應科舉考試的產物。民國以後，官建的儒教廟宇除文廟由政府繼續支持之外，其他多轉型為民間信仰廟宇。在科舉考試廢除之後，許多民建的儒教廟宇因為台灣社會各種學歷、證照考試制度的發展，也成為學子、考生所祭祀的對象。

民間教派與民間信仰寺廟

　　在台灣眾多的廟宇中，除了部分佛教與道教廟宇之外，多數為混合佛、道、儒等信仰的民間信仰廟宇，廟宇的祀神與信仰內容相當龐

主祀文昌帝君的文昌祠為文人所崇祀，具有濃厚的儒教色彩（台北市大龍峒文昌祠）。

淡水天元宮是新興教派「靈乩協會」的重要據點。

雜，廟宇建築的形式也十分多樣化。這類民間信仰廟宇多為傳統漢人
社會的公共祭祀中心（社廟），並由地方信徒代表組成祭祀組織，在
早年也多為漢人傳統聚落的發展基礎，其信徒或遍及整個聚落，或屬
於一個生活圈（角頭），而廟宇除了本身的信仰功能之外，亦成為社
區處理公眾事務的中心，更成為社區的認同標誌。

　　至於傳統漢人宗教信仰中的民間教派，它們比民間信仰有較為
嚴格並形成獨立體系的宗教組織，其宗教意識亦較為強烈，如早期的
「齋教」，以及近代發展的「儒宗神教」、「慈惠堂」，由中國來台
的「一貫道」、「天帝教」等。民間教派的廟宇在外觀上很難與一般
民間信仰廟宇來區分，通常只能經由信仰者加以區別。民間教派的信
徒來源並不限於特定地域，而民間信仰廟宇雖然有許多香火較盛者，
亦擁有來自各地的信眾，但其祭祀組織通常由一定地域範圍內的信徒
所組成。

官建壇廟

　　即官方所建立或祭祀的廟宇，一般稱為「廟」，如各地的孔廟、武廟、城隍廟等，這些廟宇的建立通常因行政單位層級的不同而有等級之分，如縣級以上才有孔廟、武廟的設立，而城隍廟亦有縣城隍、府城隍、省城隍、都城隍等級的差別。台灣傳統官建廟宇形式與一般廟宇差異不大，但多偏向北方殿堂式廟宇的格局，其中以孔廟規模最為壯觀，如台北、彰化、台南的孔廟，迄今仍有官方定期舉行祭孔大典，其建築物也列入重要的古蹟。

　　另外，清代在台灣有許多由行政首長為名義所設立的「壇」，官方也每年定期在這些壇中進行祭祀活動，以祈求地方上的平安，如傳統府會地區的「社稷壇」、「山川壇」、「厲壇」等，但當代這些由官方所設的壇大多數都已不存在，或轉民間信仰化，如新竹市南壇大眾爺廟、嘉義新港南壇水月庵等。

明清時期的孔廟是官建廟宇的代表（全臺首學台南孔廟）。

民建寺廟

　　台灣民建廟宇的數量在傳統廟宇中占了絕大多數，一般可分為公建（募建）與私建兩類，其中又以公眾募款所建的各類型公廟居多，這些公廟多為一般的民間信仰廟宇，因其信徒分布範圍的不同而有固定的地域性祭祀組織，祭祀事務得由全體信眾共同參與，所有經費也來自於信徒的捐獻，而在早期祭典活動的支出甚至以「收丁錢」方式向每戶募集，這也是構成台灣社廟的主要類型。在眾多公廟中亦可因其信仰範圍或信眾族群（祖籍）的不同，而有所謂角頭廟、大廟、人群廟等區分。至於宗族廟由於其信眾為較特定的姓氏宗族，可以視為規模較大、較無嚴格組織的宗祠，其地位則介於公廟與私廟之間。

1 公廟

　　在台灣傳統漢人社會中，公廟是一個村莊、角頭的共同祭祀中心，廟宇事務通常由公共組織體制（如頭家爐主、祭祀公業、管理

南庄永昌宮為苗栗縣南庄地區的公廟。

人、管理委員會、財團法人等）來掌理，所有祭祀行為幾乎都是由信眾們共同參與的。在傳統習俗中公廟的經費來源除了接受捐獻之外，主要是靠收「丁口錢（燈錢）」，而不同於一般私人宮壇主要是靠「辦法事」（解厄、除煞等）的方式，因此每遇有公廟的慶典活動，如神明聖誕、重大法會等，幾乎都是整個村落總動員的時候。此外，每遇有較大的事件時，村中的頭人、要人們也會聚集於公廟商討，在神明面前取得具有公信力的決議，故公廟除了是村落的信仰中心外，通常也是村落的公共事務處理中心。

遍布全台的土地廟是聚落中常見的角頭廟（新北市新莊區新莊路）。

　　公廟因為其規模以及祭祀人群上的不同，而有角頭廟、聯境廟（台南府城特有）、大（庄）廟、人群廟等區分。在民間信仰文化的變遷中，廟宇的類型並非一成不變，有時角頭廟與宗族廟可因為信仰圈或祭祀圈的擴大而成為大廟或人群廟，而大廟與人群廟則有可能因為信仰影響力的減弱而成為角頭廟。

・角頭（庄頭）廟

　　「角頭」或「庄頭」是指在傳統聚落中被自然分割出的、較為獨立的「生活圈」。「角頭」為都會聚落的生活圈，在台南府城地

澎湖天后宮為台澎最早之媽祖廟，亦為最重要的閤澎廟。

區則被稱為「境」；「庄」則為鄉村聚落的生活圈，在澎湖則稱為「社」。因此「角頭（庄頭）廟」顧名思義即指某一生活圈內信徒所共同建立、而可代表生活圈整體的信仰中心之廟宇。故角頭（庄頭）廟的信仰（信徒）範圍較少超出生活圈之外，這也構成了一個獨立的祭祀圈，如各地的土地廟即是典型的角頭（庄頭）廟。

・大廟

　　大廟是台灣大型漢人聚落中主要的廟宇，是全聚落之信仰中心，其型態因地域性而有所不同，有時一個聚落有一座大廟，有時則數座同為大廟。一般而言，在農業聚落中通常為一庄一大廟，但若是數個

村莊聯合組成連庄聚落時，這些村莊的大廟又成為聯庄大廟的庄廟。在港岸或商業聚落，則常有數座大廟（公廟）之情形，鹿港街區之大廟又稱為「閣港廟」、澎湖大廟稱為「閣澎廟」。「閣港廟」一詞源自於古老的鹿港街鎮聚落，亦即指全港（聚落）共同供奉祭祀的廟宇，其信徒分布與信仰影響力遍及聚落範圍，甚至超出了範圍，「閣澎廟」則是澎湖群島所共同公認的大廟。而舊台南府城的「聯境廟」則是只由數個「境」聯合祭祀的公廟，與全台南城所公認的大廟，如台灣府城隍廟、東嶽殿、開元寺等又有區別。

桃園景福宮為舊桃園市聚落的信仰中心，桃園人通稱為「大廟」。

台北霞海城隍廟原屬泉州同安籍移民之人群廟，後成為大稻埕信仰中心之一。

‧人群廟

　　所謂「人群廟」在閩南原指同一區域（籍貫）共同供奉的廟宇，在台灣因為移民社會的關係，演變成為相同祖籍（方言）移民共同供奉的廟宇，這類廟宇有個共同特色，即主祀各祖籍的「鄉土神」，這些鄉土神也成為信徒的「守護神」，最著名的有粵東、潮汕人的三山國王廟、台灣北部安溪人的清水祖師廟、台灣中部閩西的慚愧祖師廟

等。這些人群廟有時會因為族群集體遷移之後，由鄰近信眾加以繼續維持，如台北新莊與鹿港的三山國王廟。其次，在信仰融合時期，一些人群廟也逐漸成為地方上的公廟而為一般信眾祭祀，如台北芝山岩的開漳聖王廟（惠濟宮）。

2 私壇（廟）

私壇是相對於公廟而言的，指祭祀事務概由個人所掌理的祭祀場所，如道士所主持的道壇，以及民間最常見的由巫覡、信徒等所主持的神壇。其經濟來源除了接受外界捐獻之外，主要是靠「辦法事」（解厄、除煞等）的方式獲取。

3 宗族廟

某一姓氏、族人共同建立的廟宇，供奉祭祀的對象通常為各姓氏所崇拜的宗族神或祖先神，如鹿港泉籍郭姓人士供奉郭子儀、郭洪福（廣澤尊王）為宗族神，並建立「保安宮」成為宗族廟。其他如林姓宗親供奉比干（林姓始祖）、天上聖母（林默娘），陳姓宗親供奉大禹（陳姓始祖），李姓宗親供奉太上老君（李耳），謝姓宗親供奉謝安、謝玄等。

宗祠祭祀是中國傳統文化中，儒家禮儀的主流之一，通常為單一共同姓氏的子孫所奉祀，其廟宇類型地位則介於公廟與私壇之間。少數較具規模的宗祠則發展成宗族廟，除了祖先的祭祀之外，甚至也有宗族（氏族）神的供奉。在地方上，宗族廟有時也會因為信仰人群的變化，而成為地方的公廟。

道教淵源於黃老，創始於東漢末蜀漢三張（張陵、張衡、張魯），稱為天師道，奉老子為道祖。其後道派漸多，如茅山、全真教等，崇奉的對象亦多，形成的神譜，均以玉清元始天尊、上清靈寶天尊、太清道德天尊的三清為首，又以玉皇大帝掌管天、地、水三界眾神，紫微大帝為統御眾星之神，加上普化及救苦天尊統管幽冥界，如此匯為龐大而體系完備的道教信仰譜系。而民間信仰所崇奉的神祇，一方面傳承了古代自然崇拜精神，另一方面發展出屬於地域性質的鄉土神祇信仰。道教創立之後，民間也接受其神譜的觀念，在舉行重大祭儀時以道教諸神為尊，彼此之間發展出相互結合的緊密關係。

「三清道祖」是道教至尊的創世神（新竹太初玄清宮）。

創世神（三清天尊）

　　三清天尊即玉清元始天尊、上清靈寶天尊、太清道德天尊，爲道教神譜上的最高神祇，道教教義說：「一炁化三清」，即爲宇宙創化生成之象。三清天尊像通常以三位一組的形式出現，以元始天尊居中位、靈寶天尊居左位、道德天尊居右位。在道教結壇時，懸掛於內壇最前方，象徵三清宮。元始天尊像作右手虛拈、左手虛捧，象徵天地尚未形成的渾沌無極狀態（或雙手捧珠）。上清靈寶天尊，位居元始天尊之左，其像作右手虛拈、左手捧如意，象徵從無極狀態衍生太極。太清道德天尊（爲老子信仰，單獨奉祀即稱爲「太上老君」），位居元始天尊之右，其像作左手虛拈、右手拿一把畫有陰陽鏡的扇子，象徵由太極分化出來的陰陽兩儀。

先天神（紫微大帝──萬星之主）

　　凡自然界之具有無窮靈力的先天性神祇，如日月星辰、山川大地等，諸如：日神、月神，南、北斗星君，雷公、電母等，以之象徵宇宙萬象的秩序。紫微大帝原型爲北極星，因居天之中而眾星拱之，故凡天象諸神俱統於紫微大帝，而有統領萬星之位。

民間俗信斗母元君（斗姥）為南、北斗星君與太歲星君之母，故多於太歲廳主祀斗母（大溪普濟堂）。

漢人民間信仰視玉皇上帝為地位最高的至上神（台北市松山奉天宮）。

行政神（玉皇大帝──萬神之主）

　　玉皇大帝所統領的諸神，為特定職掌的行政神，其範圍可區分為中央行政神、地方行政神與幽界（冥界）行政神三大系統。中央行政神以神祇所掌管的職司加以區分，如學務、軍事、生育、航海等；而地方行政神所掌管的範圍則各有其區域，如城隍、境主等；幽冥界行政神則掌理幽冥界的事務，如酆都大帝、十殿閻王等。如此共同組成一個天界、神明界、幽冥界的職司體系。

　　各主神多有其相關的護衛神、官將神或侍衛神等，擔任守護或協助濟世渡民任務，多為武將裝束，如關聖帝君兩旁有關平與周倉將軍、天上聖母兩旁為千里眼和順風耳，均屬於護衛（侍從）神性質。而帝君（玄天上帝、

法主公原為泉州永春之地方性信仰，因有功於民，故被奉為守護神（大稻埕法主公廟）。

天上聖母原為福建湄洲的地方信仰，經歷朝之累封終成為地位最高之女神（台南市大天后宮鎮殿聖母）。

保生大帝）旁擔任守護的三十六官將，本為道教信仰，後來亦加入民間的官將部，為典型的官將神。

主祀神兩旁依例有侍從神，如文官、武將旁之侍從，或夫人旁之女侍。王爺旁的侍從神為印童和劍童；王爺夫人旁有捧花侍女；註生娘娘旁有十二婆姐或三十六婆姐；女神（如天上聖母、瑤池金母）旁有宮娥等。

先聖先賢之神（全國性信仰神、行業神）

凡神祇的神格與職司廣為全國人所普遍信奉者，如神農大帝、關聖帝君等；由於歷史的傳承，官方崇祀，歷代累封而位至尊貴，如武聖關公之類，在帝制時代就由朝廷明令於祀典。另有全國性各行各業歷來所推崇的行業守護神或祖師爺，如魯班、女媧、九天玄女，以及戲曲神，如田都元帥、西秦王爺等。

鄉土性功烈之神

　　凡功烈神明而合乎祀典的地方性信仰，即爲地區性的鄉土守護神，其信仰範圍因地域而有所不同，所崇奉的多是生前爲某地方人士或族姓先祖，因對鄉里有特殊的護衛功勳、開疆闢土或以法力平妖等，被該地信眾立祠崇奉，成爲鄉土性守護神。之所以成爲正神，乃因朝廷按「功烈」的祀典原則，敕封賜額而使之正祀化。閩、粵諸神隨移民群遷移入台，在新移居地，因護佑渡海、墾拓等廣被崇奉，成爲祖籍認同的標誌，如開漳聖王、廣澤尊王、清水祖師、三山國王或各姓王爺等，在台灣各地頗爲興盛，成爲本地信仰的一大特色。

土俗神

　　民俗所崇信的神祇，或因在各地方開發過程中的犧牲者，或無主而不得安奉者，經地方人士予以瘞骨立祠，如大眾爺、有應公、百姓

早期台灣漢人開發過程中，因疾病、戰亂喪生的無主孤骨，被收埋之後成爲深具本土特色的有應公信仰（台北市士林芝山岩大墓公）。

地藏王菩薩民間視為「幽冥教主」，是台灣信仰頗盛的佛教菩薩（新北市新莊地藏庵）。

千手觀音（台北市關渡宮）。

公、萬善爺或姑娘廟等諸神，民俗以為陰廟，官方所祀者則為厲壇，土俗依節俗於陰曆七月祭祀之。

佛教神祇

　　佛教自東漢傳入中國之後，由於戰亂而為士庶所信奉，流傳民間。佛教奉釋迦牟尼佛為教主，有三世佛、三聖為佛部。佛之下又有菩薩部、明王部、聲聞部、護法部及天龍八部的區分，一般以菩薩信仰為大宗，尤其觀世音菩薩廣為民間所崇奉，此外羅漢亦極為普遍。佛教在地方發展也呈現在地化的現象，在福建、廣東就產生許多鄉土性佛教神，如普庵祖師、清水祖師、定光古佛、慚愧祖師等，也為當地人所崇奉。然而佛教若在正統佛寺內，會根據教義、信仰系統，有其獨立的信仰體系，不同於通俗性的民間寺廟之崇奉方式。

神像類型

台灣民間重視神靈崇拜，民間藝師對於諸神的形象塑造特別重視其法式，例如：臉譜、服色、法器及其坐姿，尤其是尺寸大小之類，均需符合傳統的法式規則，形成獨特的神像藝術。台灣漢人族群的傳統宗教信仰內容龐雜，加上信仰本身又具有明顯的普化性質，因此神像藝術的面貌也十分多元。

神像是宗教祭祀的主體，在台灣傳統宗教信仰的神祇中，許多以神靈崇拜為主體的民間宗教信仰，對於崇拜對象的形象塑造極為重視，因此帶動了神像藝術的發展。台灣神像的雕造與供奉源自於中國閩、粵一帶，但在傳承與開創上，則是隨著三百年移民文化的發展，呈現與母體文化不同的風貌。台灣神像的製造過程，呈現工藝技巧與完整宗教儀式行為的結合，細膩的表現出傳統民間宗教信仰

廟宇供奉之神像多依照廟宇神龕規模雕造，以主祀神為主搭配從祀神，文昌帝君挾祀天聾、地啞（南投市藍田書院）。

觀音佛祖常見脅祀善財童子與
龍女（新北市五股西雲廟）。

的一些特質。由台灣的神像藝術與其他廟宇的裝飾藝術、信仰文物藝
術等意象，也可明顯看出民間藝術與民間宗教信仰的密切關係。以下
就神像供奉類型與神像製作等兩方面來說明。

　　神像作爲祭祀的對象，因信眾的信仰活動而被供奉於不同場所，
就行事的需要可分爲：廟祀神像、扮神、出巡神偶、壇場神像、家祀
神像等數種類型[1]。

廟祀神像

　　漢民族傳統宗教信仰就崇拜對象來看是一種「泛靈信仰」，崇拜
的對象十分廣泛，《周禮・春官・大宗伯》載：「以多至日，致天神
人鬼，以夏至日，致地示物魅，以禬國之凶荒，民之札喪。」即是將
祭祀的對象區分爲天神、地祇、人鬼、物魅等四類。「天神」是指日
月星辰等天象，「地示（祇）」是指土地與山川河嶽，「人鬼」是指
鬼靈與祖先，而「物魅」則是指人以外的生物（甚至包括無生物），
因長壽或修練而成精魅者[2]。就崇拜的屬性來說，則可歸納爲自然崇

---

　1 謝宗榮，2001b，〈台灣的神像藝術〉，《台灣工藝》（季刊）第9期，頁98-108。
　2 呂理政，1992，《傳統信仰與現代社會》，頁9-10，台北：稻鄉出版社。

拜、人鬼崇拜、庶物崇拜等三種[3]，而這些崇拜的對象也成為宗教信仰中的祭祀對象。

　　漢人在台灣開發初期，廟宇中所供奉的神祇多為單一的主祀神，頂多再加上左右挾祀神而成為三尊，但隨著聚落發展與信徒的增加，基於信仰功能的需求，廟宇中所奉祀的神明也隨之增加，在各神明之間便有了主從或主客之別。並且也根據古代的君權政體結構，依據神祇的神格加以系統化，使眾神祇之間也有了所謂的社會組織。台灣民間信仰所崇祀的神祇數量與類型相當繁雜，祀神在廟宇中可依其「主從地位」的不同而分為主祀神（主神）、從祀神、同祀神、寄祀神等四大類，又可依神祇的「職能管轄」而有至上神、行政神、司法神、守護神、宗族神等區別。

1 神祇地位

　　台灣民間神祇，由於一般信仰心理的需求，不論是廟宇中所供奉的或是家中所供奉的，都不只是單一的神祇，由於奉祀地位（重要性）的不同，而有主祀神、從祀神、同祀神、寄祀神等。

五福大帝原為福州人之信仰，主神為一組五尊之型態（台南市元和宮）。

3 阮昌銳，1990，《中國民間宗教之研究》，頁40，台灣省立博物館。

七星娘娘民間俗稱七娘媽，七尊一組（台南市開隆宮）。

‧主祀神（主神）

台灣民間一般祭祀空間（祠廟）爲了滿足信徒需要，通常都會供奉多種神祇，主要的祭祀對象稱爲「主祀神」。主祀神不一定是單一的神祇，有時可以是三位如三世佛、三山國王；也有五位如五府千歲者，甚至多至七位者，如七府王爺、七星娘娘等。這些神祇地位通常是相同的，也有少數主神群是具有「兄弟」或「姊妹」性質的，則以其中一位爲代表，如「三奶夫人」以「臨水夫人」爲代表，金門館系統（艋舺、鹿港等地）「蘇府王爺」（蘇、邱、梁、秦、蔡五位）則以「蘇大王爺」爲代表。

‧從祀神

從祀神即與主神有從屬關係之神，可區分爲配偶、配祀、挾祀、分身、隸祀等。「配偶」神爲主神的配偶，如城隍夫人、王爺夫人、土地婆。「配祀」是與主神有特定關係的屬神，如城隍的文武判官、

城隍爺之配偶神城隍夫人（新竹都城隍廟）。

保生大帝配祀下壇將軍虎爺（台南市祀典
興濟宮）。

三山國王之配偶神三位夫人（台南市三山國王
廟）。

范謝將軍，媽祖的千里眼、順風耳等。「挾祀」指供奉於主神左右兩
側的侍神（佛教系統稱為「脅祀」），如佛祖旁的文殊、普賢菩薩，
觀音大士旁的善財童子與龍女，王爺神的劍童、印童，文昌帝君的
天聾、地啞等。「分身」則是將同一主神的數尊神像並祀於神龕或神
案上，如媽祖有大媽、二媽、三媽或是鎮殿媽、開基媽、進香媽等之
分。「隸祀」是屬於某一神格主神者，不同的神祇而有相同的屬神，
如各廟宇的門神、王爺廟與城隍廟的下壇將軍（虎爺）、佛寺的護法
神（韋馱、伽藍與四大天王）等。

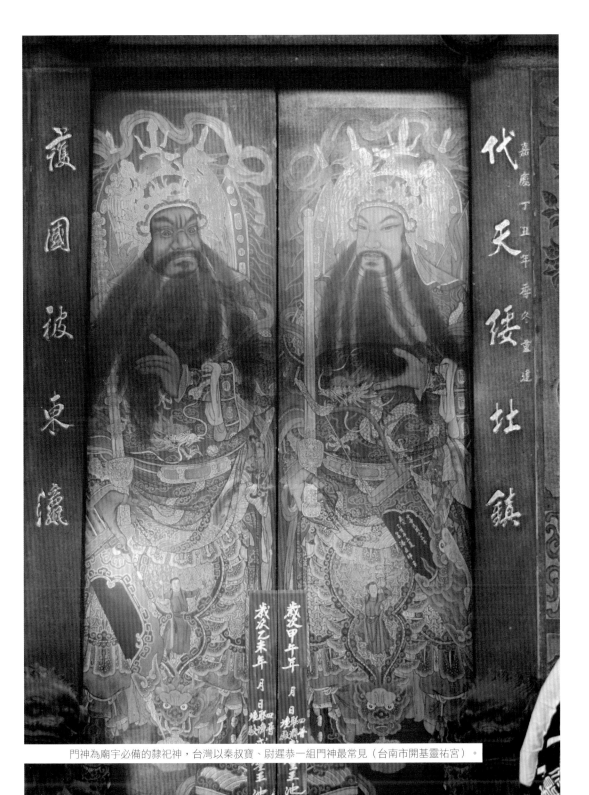

門神為廟宇必備的隸祀神，台灣以秦叔寶、尉遲恭一組門神最常見（台南市開基靈祐宮）。

五營神將是王爺級以上廟宇常見的隸祀神（新北市瑞芳五府宮）。

傳統的五營元帥多見以五營頭的方式供奉（雲林莿桐仁和宮）。

主祀土地公的祠廟常見同祀配偶神土地婆（宜蘭頭城北門福德祠）。

寄祀神為暫時奉祀在廟宇之神（西螺廣福宮客神殿）。

・同祀神

　　寺廟的同祀神也被稱為「陪祀神」，這類神祇與主神在信仰屬性上並無上下從屬或其他的關係，其神格地位可以比主神低或是與主神相當，甚至常見神格高於主神者，如主神為媽祖的廟宇一般同祀觀音佛祖、玉皇大帝（天公）；主神為觀音佛祖則同祀釋迦佛祖、媽祖等。早期台灣的廟宇祭祀的神祇較為單純，但隨著當代信仰的蓬勃發展，為了順應信徒的需求，廟宇中的同祀神也愈來愈多，有時甚至多達數十種，讓人眼花撩亂、辨識極為不易。

・寄祀神

　　寄祀神是指與主神有「來往」而來廟中「作客」的神祇，或是民眾自行供奉、廟宇拆除廢棄，或流轉無主等，暫時供奉在廟宇中的神祇。這類神祇有時也被民間稱之為「客仔神」。

廟宇主神之神像多有開基神像（第二排中）、分身神像與鎮殿神像（上排中）之區分（桃園龜山壽山岩）。

② 廟祀主神

廟宇中神像的種類依其功能可分為：開基神、鎮殿神、分身神，及不作祭祀，但具有濃厚裝飾性質的裝飾性神像等。

‧開基神

開基神指廟宇建廟初時即供奉的神像。早期台灣的漢人社會，移民來台之初，為了旅途的方便，常隨身攜帶小型神像或神明的「香火袋」，供奉在家中，等定居之後即建廟供奉，或延聘匠師重新雕造。由於經濟、社會等因素，早期的廟宇規模較小，神像亦較小，到經濟條件充足而重建時，才擴大宮廟的規模，並另外雕造尺寸較大的神像，作為鎮殿之用。因此台灣多數歷史較悠久的廟宇，其開基神的神像尺寸通常較小，這類神像多數延請工藝精良的唐山師傅，或本地早期藝匠雕造，神像尺寸雖小，不過造形神韻生動、精緻，為廟宇中至為重要的文物藝術，一般多不輕易請出廟外。由於部分廟宇初建時就有較大的規模，也會雕造尺寸較大的開基神像鎮殿；此外，早期也有

部分廟宇延聘福州派匠師以泥塑或藤木編製方式製作大型神像，這類開基神也同樣作為鎮殿之用。

·鎮殿神

鎮殿神通常並非廟宇的「開基神」，卻是廟宇主神的象徵，作為鎮殿之用。台灣多數歷史悠久的廟宇，因為鎮殿神多半是在廟宇重建時雕造的，為了與祭祀空間搭配，營造出崇高神聖的感覺，故神像尺寸都較為巨大，一般是不能輕易移動的。早期廟宇的鎮殿神由於需要較大的尺寸，通常會以泥塑或木刻、分肢銜接的軟身方式製作、固定、供奉於廟宇神龕之上。

·分身神

分身神指開基神、鎮殿神之外的主神神像，是開基神或鎮殿神的分身，一般作為出巡、遶境之用，或供爐主、信眾請回家中供奉。分身神為了移動上的方便，尺寸通常不大以便安置於神轎上，方便外出進香遶境或出巡停駐時，供各地信徒祭拜。近數十年來由於社會經濟條件提升，廟宇也會雕造許多同樣款式、尺寸的分身神像，供信徒請回家中供奉，成為家祀神。

·裝飾神像

廟宇中的裝飾神像以門神為主，一般以彩繪方式表現，雖然帶

廟宇有時以彩繪方式繪製配祀神，具有濃厚的　台南市開基靈祐宮彩繪三十六官將之二
裝飾意味。圖為台南市開基靈祐宮彩繪三十六
官將之一。

▲ 官將首是近年頗為興盛的扮神陣頭，常見五位一組的搭配（新莊俊賢堂中港厝）。

▼ 由人經過化妝所扮演之神祇多為主神的部將，常被信眾視為神祇而請求為其改運（東港迎王之
　東福殿廿四司）。

扮神在開臉之後起駕之前需經過法師開光（台北霞海城隍廟暗訪）。

有濃厚的裝飾意味，但其原始所具有的神明意義則不容忽略。另外常見的有「八仙」、「官將」等神祇形象，其形象的呈現手法則有雕刻（浮雕）、彩繪、織繡等。

扮神

　　扮神乃是指由人所扮演的官將神祇，為主神的部將隨從，如八家將、十家將、官將首、五營神將等，當主神出巡、遶境時，才裝扮出行。家將神（神將）經常也被歸為迎神陣頭中的一類，名為「宗教陣頭」，這類家將神在迎神隊伍中，亦具有宗教上的功能與意義，如除煞、解厄等。另外出陣前、中、後，也必須透過一定的儀式表現特定的意義，因此，也被視為神明之列。

▲ 北港朝天宮莊儀團千里眼、順風耳神將。
◀ 神偶民間尊稱將爺，范、謝將軍一組是廟會中最常見的神偶（台北市清新樂社）。

出巡神偶

　　出巡神偶是民間宗教信仰的特色，通常以竹、木、藤為身軀骨架，以紙紮糊塑或木雕做頭部、手部，外面罩上神袍，戴上帽盔。這類神偶的尺寸主要有兩類，皆由人穿戴而移動，較大型者以雙肩扛抬，扛者之視線多由神偶的腹部看出，民間尊稱為將爺，俗稱「大神（仙）尪仔」，是迎神賽會常見的陣頭景觀，主要有謝、范將軍之謝將軍，趙、康元帥，千里眼、順風耳等。較小型的神偶，其扛者視線多由嘴部看出，

以雙手做為神偶之手，或是握神偶之手腕，常見者如三太子（金、木、哪吒）、神童（招財、進寶）、濟公、布袋和尚（彌勒佛）等，民間俗稱「僮（童）仔」。

壇場神像

壇場神像是指道士、法師升壇作科儀時，法壇上所用的神像，是道壇上必備的設施布置。壇場神像約有三類：一是科儀桌上的小型神像，主神通常為太上老君與張天師、玄天上帝、三官大帝（佛教系統則可見誌公禪師、梁武帝）與醮壇外壇主神（如玉皇大帝、觀音菩薩、福德正神）等，神像十分小巧，多由紙質或布料製成。二為掛軸形式成套的「道壇畫」，每一掛軸通常以布或紙繪成單一或組合神像，神像名稱則因佛教與道教的不同而有所區別，道教形式的有三清道祖、玉皇大帝、紫微大帝、三官大帝，以及四府、四官將（元

醮典法會壇場中所供奉之神祇多非廟宇固定供奉，故在結壇時以掛軸搭配簾幕方式奉祀。

帥）、十殿閻君等。佛教系統掛軸神像則有三寶佛、文殊普賢菩薩、觀音地藏菩薩等，這類掛軸神像在中國繪畫史上也屬於「道釋畫」的一種，歷史十分悠久。三是大型紙糊神像，常見有大士爺（羽林大神、監齋）、山神、土地、四大元帥、朱衣公、金甲神等，通常在醮典舉行前才向糊紙匠師訂製，祭典完畢隨即燒化。在這三類神像中，以神像掛軸與大型紙糊神像最受矚目。

1 掛軸神像

台灣民間的壇場掛軸神像，常見者如使用於醮典法會中的「道壇掛軸」與「佛壇掛軸」，其次為使用於超度法會的「十殿閻王掛軸」。

・道壇掛軸

道壇掛軸諸像，主要是為了營造道士演法祭拜的儀式空間，使之成為一種非常性的神聖場所。道壇的基本結構，主要為三清壇、三

壇場神像中以供奉於三清宮的「三清」掛軸居尊。

在壇場中三界壇與三清壇相對供奉天、地、水三官大帝（中上），又多在三官之左懸掛天師，之右懸掛北帝（玄天上帝）之像。

界壇與兩班等三大部分。三清壇是舉行醮儀的重要場所，懸掛三清道祖之像，以元始天尊居中、靈寶天尊及道德天尊各居左右，即是道教神譜上所稱的「一炁化三清」——玉清、上清、太清，三清兩側又有左旁的玉皇宮，懸掛玉皇上帝畫像，乃是萬神之主，右旁為紫微宮，懸掛紫微大帝畫像，是為萬星至尊。在三清壇與三界壇之前列的左右兩旁為兩班，分別懸掛著天京、地府、水國、陽間等四府神像，眾神在乘雲駕霧中朝三清宮行進，象徵著各方眾神正朝著三清朝元謁聖。三官壇與三清壇相對，供奉三官大帝：天官、地官、水官，即是民間俗稱的「三界公」，通常在壇中央設置一座紙糊的「三界亭」，或是懸掛三位一組的「三官大帝」掛軸畫像，有時兩側設朱衣公、金甲神畫像作為守護，右邊掛玄天上帝的畫像，左邊則掛天師畫像，其左右有時可分別高懸溫、康、馬、趙等四大元帥畫像，象徵諸元帥統兵備守壇場。整個內壇即為眾多的掛軸神像圍成儀式空間，台灣傳統道壇諸掛軸畫像，多以此規模布置懸掛，間或有增減者，則視壇場空間之大小而作彈性調整。道壇諸仙聖之掛軸畫像，原以紙本而礦物顏料作

畫，亦有採用絹布，先勾勒其形再塗以顏料，於今多是現代顏料，較易產生變化。一般而言，其式樣與風格多傳承自傳統道釋繪畫的製作方法。

・佛壇掛軸

佛教一向注重造像，在法會中的佛壇掛軸諸像，亦是爲了營造法師演法祭拜的儀式空間。佛教法壇系統的基本結構，主要爲三寶壇、三界壇與兩班等三大部分。三界壇、兩班與道教所用者類似，三寶壇是舉行儀式的重要場所，懸掛三寶佛之像，以中央娑婆世界釋迦牟尼佛居中、東方琉璃世界藥師佛及西方極樂世界阿彌陀佛各居左右，三寶佛兩側又有左旁的文殊菩薩、觀音菩薩、韋馱尊者。右旁爲普賢菩薩、地藏王菩薩、伽藍尊者。三寶壇中諸佛菩薩與護法尊者，也構成具體而微的佛國世界，其式樣與風格亦多傳承自傳統道釋繪畫的製作方法。

・十殿閻王掛軸

地獄爲印度古代輪迴信仰中，專司人死後審判的幽冥界，其觀念在佛教傳入中國之後，逐漸爲漢人普遍接受。閻羅王原爲佛教地獄之主，亦隨之逐漸本土化，掌管地府職司獎懲，共有十殿。十殿閻王之地獄變相，在型制上多以彩繪掛軸方式呈現，規模完整者，爲一殿一

十殿地獄掛軸簡稱「十王圖」（局部），多用於超度性質法會的壇場之上。

十殿地獄掛軸之二

軸，十幅成一組，間或有以五軸或兩軸形式成組者，用於功德超度儀式之壇場，民間俗稱為「功德畫」，屬於統道釋繪畫一脈的風格。據《玉歷鈔傳》、《閻王經》載，一殿秦廣王、二殿楚江王、三殿宋帝王、四殿五官王、五殿閻羅王、六殿汴城王、七殿泰山王、八殿都市王、九殿平等王、十殿轉輪王等，在超度法會時，常掛於壇場兩旁，以象徵人死後所須面對的閻王之審判，其儀式俗稱「過王」或「拜王」。

2 紙糊神像

　　道壇中所供奉的神像，除了內壇中的諸般掛軸之外，還有位於內壇外的各種紙糊神像，道教結壇時即以之作為道壇的守護神祇。紙糊神像的數目常隨著醮典的規模而有不同，常見的有大士爺、山神、土地，溫、康、馬（或岳、高、辛）、趙四大護壇官將，朱衣公、金甲神等。大士爺與山神、土地也常見於一般的普度場合。在台灣南部地區，四大官將與朱衣公、金甲神合稱為「六騎」，在較大規模的醮典中，若加上雷公、電母、風伯、雨師等則成為「十騎」。

　　紙糊神像與紙厝通常分列於內壇外的廟埕上，由於屬開放空間，信眾都可趨近觀賞，也就成為一般人較為深刻的建醮印象。這些事

騎黃虎的土地神紙糊神像（大龍峒保安宮中元普度）。

山神、土地神是常見的紙糊神像，為守護壇場的主要神祇，圖為騎青獅的山神（大龍峒保安宮中元普度）。

溫、康、馬、趙四大元帥是舉行大型醮典、法會時重要的壇場守護神像，圖為溫元帥（2014年雞籠中元祭）。

康元帥（2014年雞籠中元祭）。　　　　　　　馬元帥（2014年雞籠中元祭）。

　　先布置在醮壇外的紙糊神像，在儀式開始時即由道長、法師「開光點
眼」予以聖化，經賦予靈性之後就成爲神聖事物，以此完成鎮守壇內
的宗教聖域。一般說來，紙紮神像屬於民間藝人的傳統技藝，運用了
紮、糊、剪、版印等傳統民間藝術的手法，造形素樸而精鍊，色彩強
烈而鮮明，是深具民俗意象的藝術。近代隨著傳統版印的沒落，各種
紮作使用的諸多組件已被現代式彩色印刷取代，其材質形式也已制式
化、規格化，但其內容式樣則仍遵循傳統習慣，尚能保持傳統的風
貌。

紙糊神像在奉祀前必須開光予以聖化（台北市士林福德祠中元普度）。

家祀神像

　　家祀神共有兩類，常見的為家中長年供奉的組合式神明彩，其次則為廟宇主神的分身神或紙禡，供爐主或信徒迎回家中供奉。民間也有少數行業的信徒請回行業守護神，作為職業場所的祀神，如早期漁民將小型的媽祖神像置於漁船船頭，藉以保佑航海的安全，民間稱為「船頭媽」。

神明彩是傳統閩南家庭中必備的神像，俗稱「彩仔」或「漆仔」，早期多見以彩繪或版印方式製作，近代則逐漸被玻璃或壓克力材質、彩繪或印刷方式所取代。家中神明廳所掛的神明彩一般採掛軸或掛屏形式，其型制爲中間一中堂並配上兩邊一至二幅對聯或百壽聯、福祿壽三仙聯，上方爲一橫額「祖德流芳」。中堂的神明組合，常見者爲最上層作觀世音菩薩，有時單一呈現或加上善財童子、龍女兩挾祀；第二層的神明則因漳泉籍而有所不同，泉籍以媽祖爲主或加上關聖帝君，漳籍除媽祖之外加上玄天上帝，最下層則爲灶君與土地公。因爲主神爲觀音媽，故又稱「觀音媽聯」，民間遂有「家家觀世音」之說，也有部分泉籍人家中不掛觀音媽聯而改掛「關帝聯」的，中堂繪有坐在交椅上、讀春秋狀的關帝爺，後面則立關平、周倉兩部將。

家祀神像多以平面彩繪方式呈現，台灣家祀神多以觀音佛祖爲尊，故又稱爲觀音媽聯（鹿港）。

　　台灣神像的雕造與供奉源自於中國閩粵一帶，但在傳承與開創上，則隨著三百多年移民文化的發展，逐漸呈現不同的風貌。神像的製作是一種宗教信仰的表現，故在製作方式及規矩上也特別講究。下列即由材質尺寸、派別風格、製作方式、相關宗教儀式等方面說明。

材質尺寸

　　神像的製作可分為平面與立體兩類，以立體居多，而製作神像的材質有木、金屬、泥、石、陶、紙等，但以木質占絕大多數，又分成硬身與軟身兩種。硬身神像通常為整塊木頭雕鑿而成，軟身神像則指神像軀體由數部分組成

寺廟開基神像多自閩粵原鄉迎奉而來，一般尺寸較小（三峽長福巖清水祖師）。

台南市祀典武廟開基關帝像（前）為木雕軟身像，鎮殿關帝像為泥塑像。

土地公之造像多作古代員外造形，磚燒土地公像在日治時期頗為普遍。

關節可以活動者，大小不一。泥塑或脫胎漆像在台灣也頗為常見，通常作為鎮殿用，尺寸較大。

　　台灣石質、陶質神像較為少見。紙質神像有兩類：紙糊與繪製印刷，紙糊神像目前都作為道壇法事之用，法事完畢後隨即燒化，如建醮時的山神、土地公與普度時的大士爺、普陀岩等。早期也有用紙糊方式製作祭祀用神像，通常較為精細小巧，製作不易，是民間糊紙工藝的精品，故民間匠師慣說：「一紙、二土、三木、四石、五金。」現在鹿港少數廟宇及歷史悠久的道士壇尚能見到。另外有一種以木刻印製的神像稱為「神禡」或「紙禡」，供信徒請回家中張貼供奉。此外，廟宇大門上常見的以彩繪或雕刻方式繪成的門神，既作裝飾，也具有神像的功能。

立體神像的尺寸很多，但有一定的規矩，早期要根據專用的「神明尺」來製作，近代則通用「文公（門工）尺」。尺寸必須合乎神明尺或文公尺上的吉利數字，稱為「有字」[4]。一般最常見的大小有台尺七寸二或九寸六，其他稍大的有一尺二寸、一尺三寸半、一尺六寸、一尺八寸、二尺二寸、二尺四寸、二尺六寸、三尺二寸、三尺六寸。而較大的如五尺一寸半、六尺二寸、六尺三寸半，則為廟宇主神神龕上奉祀之用，其神像尺寸通常會依照行事需要而製作。

派別風格

　　神像的風格因其「派別」而有所差異，台灣的神像雕造，以木雕為主，自唐山來台之後為了區別彼此之匠藝，逐漸產生以原鄉為名的派別之分，主要有泉州、漳州、福州等三派。福州派自福建傳統脫胎漆藝中，傳承了優異的技術，加上福州派在台灣採取開放授徒，至今繁衍眾多，廣布全台。而泉州派、漳州派則採取比較保守的家傳方式，發展上較受限制。此外，因為福州派的人手較多，大廟的大型神塑、脫胎神像多屬於福州系統的作品。

　　神像風格上，泉州派神像注重神像的架勢，在雕鑿過程中注重大略格局，完成初胚後以黃土與水膠混合敷塗神像的表面，再以漆線（以生漆搓成細線）、粉線（以漏斗擠漆成線）來做為神像的服飾線條，最後再化色、安金。泉州派神像雕造師多分布在台南、彰化、鹿港、宜蘭等地，著名的匠師如鹿港的吳清波、施禮；台南地區的「某某國」或「某某閣」等，多屬泉州派系統。相較之下，漳州派則較注重初胚後的精緻雕飾，在木質部分即以細緻琢磨的方式修整神像表面

4　目前雕造神像通用的文工尺，又稱為「門工尺」，一尺合約四二・七六公分，每一尺區
　　分為八格，其上各有一字，依次為：財、病、離、義、官、劫、害、本，一般視財、
　　義、官、本為吉利數字，尺寸落於此四格之內者，稱為「有字」。

（又稱爲錦雕），幾乎已達到完成階段，惟現今在台灣已幾近失傳。至於福州派則緣於脫胎漆的作法，在木雕初形完成後，注重披土與裱紙的工作，做得較多層，紋身線條也有較精緻而細密的表現，神像體態較爲修長且接近人身比例，且製作速度快，分布也較廣，現今台灣許多寺廟的大型脫胎漆像多爲福州匠師的作品，其店號多爲「某某軒」，著名的匠師如台北盧山軒，爲祖孫三代相傳。

神像的造形依神明的「神格」而有所不同，但有一通則，如土地公作員外打扮外表慈祥，武神通常身著戎裝外貌威猛，廣澤尊王作孩兒臉與單腳盤腿狀等，不一而足。

製作方式

台灣神像的製造過程，結合了工藝技巧與宗教儀式，在製作過程中，表現出傳統民間信仰的細膩特質。從台灣的神像藝術與廟宇的裝飾藝術、信仰文物等意象，可明顯看出民間藝術與民間宗教信仰的密切關係。神像的製作方式主要有紙紮（紙塑）、泥塑、脫胎、木雕等技法。

1 紙紮（紙塑）法

神像製作的紙紮（紙塑）法主要是以「紙」爲材料，製作方式可分爲「塑」法與「糊」法兩種。以塑法製作的紙質神像，在尺寸上一般多比木刻神像爲小，其作法是以紙爲材料，在竹架之上塑成神像軀體，並加以彩繪或貼金裝飾。早年台灣先民由於遷移的需要，多以之代替木刻神像，在製作上由於需要較高的手藝功夫，很受民間的重視，近代則多見於道士作科儀時桌上所奉的神像（老君像、天師像、北帝像），其製作過程較爲精細、考究。而一般「紙紮神像」的體形則有大有小，小的不足一尺，大的到等身高度，主要是依所造神祇的性質而以各色色紙糊貼而成。其製作方式先在內部以細竹篾紮成骨架

後，再用紙糊貼成軀體，其上用色紙糊貼或施彩裝飾。這類紙紮神像在漢人信仰儀式的活動上普遍使用，如各種建醮、普度或喪禮等。這些神像通常在宗教儀式完畢後即加以焚化，故材料使用上較不考究。

2 泥塑法

泥塑方式所使用的主要材料爲泥土，以台灣所產，多做燒黑瓦用的「赤煉土」爲主，其製作方式有直接雕塑與模塑兩種。前者用於大型神像，後者多用於大量流通的小型神像。泥塑神像通常在塑好主體之後，交互裱上數層紙與麻布等，再用漆線、粉線、金箔、顏料等裝飾表面。

紙塑神像一般常見於儀式中，儀式結束後多予火化（新北市淡水忠義宮代天巡狩王爺）。

3 脫胎法

脫胎技法在中國古代稱為「夾紵造像」，由於使用的原料以生漆為主，故所造之神像也通稱為「漆像」。脫胎技法一般分為「內脫法」與「翻模法」兩種，都是以泥塑方式作成原形（雕塑學上稱為「模」）。中國傳統的「乾漆脫胎造像法」主要即使用了「內脫法」，其作法是在神像「模」上用生漆與棉麻布逐層交互塗裱，通常要做三層以上，待表面乾透後，將泥模由神像下方或後面取出，然後再作表面的裝飾。翻模法在中國青銅器與銅像製作上亦具有悠久的歷史，作法是在「模」上用石膏或砂泥翻成中空的「範」，將範分解成數個部分，再將生漆、麻布等逐層裱於範內，脫去外範之後將局部接合即成神像主體，又稱為「外脫法」。由於西方雕塑技法傳入的影響，現在都以玻璃纖維作為翻模法神像塑造的材料。

銅鑄大型神像多為晚近所雕造（南投草屯敦和宮財神趙公明像）。

舊台北城天后宮的金面媽祖為大型軟身木雕神像。

4 木雕法

　　台灣佛像的製作以木雕神像最爲考究，且依例必須配合一定的宗教儀式，其過程大約爲選材、擇日開斧、初胚、修光、磨光、上黃土、二度磨光、作線、按金、彩繪、開臉等。木雕神像在頭身比例上，通常立姿爲一比六或一比七，坐姿爲一比五，蹲姿爲一比三。開始雕造之後習慣上配合木材生長紋理由下往上雕，一者神像的頭必須在木材上段，再者是避免先雕成頭部之後，若有碰撞對神明不敬。初胚雕成之後，再作繁複的表面裝飾工作。此外另有一種木雕神像，在製作時將四肢與身軀分開，待完成後才接合，穿上多層神袍，民間稱爲「軟身神像」，其姿態多爲坐像，大小不一，但近代在台灣已少有製作，大多從福建迎來。

門神爲最常見的彩繪神像（台南市總趕宮）。

5 彩繪、印刷法

廟宇中供奉的神像以立體神像為主，但仍有一些隸祀神、配祀神，如門神、五營神將等，會以平面彩繪方式製作；有些規模較小的祠廟，如五營祠、有應公祠等也以彩繪方式製作神像。此外，傳統閩南漢人的公媽廳所供奉的觀音媽聯、灶頭所供奉的灶君神像等，也多以平面彩繪或印刷方式製作，而一般信眾由廟中請回的主神神禡則多以木刻版印方式製作。

神禡又稱為大符，也是普遍可見的印刷神像（台北市關渡宮）。

開光儀式

台灣神像雕刻相關的宗教儀式，主要為：開斧、入神、開光點眼。開斧必選吉日吉時，雕刻師傅燃香念咒後，即就事先選定的「神材」開鑿，開始雕刻。入神通常在神像定型後，由師傅或法師、道士擇時畫符施法，將事先準備好的「寶物」（五寶、七寶、五神物、五穀、五色線等）安入神像背後的洞中封住，再供於神桌上，燒金紙稟告之後，即完成入神儀式。近來為了順應時代的變遷，入神儀式經常會與開光儀式一併

神像奉祀前多需經過開光儀式予以啟靈（北港朝天宮媽祖分靈開光）。

舉行，開光點眼由師傅或道士、法師主持，在請神儀式後，即用寶鏡
引日月星三光之氣照於神像之表面（或是將陽光折射於神像之上），
一面念咒，一面用筆將神像之五官七竅、胸背、四肢等處逐一敕點，
以完成啓靈儀式。開光後的神像即可供於神案或安置於神轎（輦轎）
上，待眞神降臨之後即完成一尊神像的製作過程。其餘材質的神像製
作過程雖然沒有製作木質神像時的考究，但開始製作前的擇時開斧，
以及製作完成後的開光點眼儀式仍舊是不可或缺的。

Chapter 5

台灣社廟的祀具

　　台灣祭祀用具品類多元，主要有供具、卜具兩大類，以供具品項較多，且在造形上也多所變化，而卜具的類型則較為單純，在形式方面相較於供具來說，也有明顯的巨大變化。供具是為了盛載供品所發展出的器具，如先秦時期的鼎、彝、釜等，從原始的烹飪用具而被聖化為重要禮器，甚至成為權力的代表。如《風俗通義・皇霸・五伯》載：「襄公不度德量力，慕名而不綜實，六鶂五石，先著其異，覆軍殘身，終為僇笑。莊王僭號，自下摩上，觀兵京師，問鼎輕重，恃彊肆忿，幾亡宋國，易子析骸，厥禍亦巨。」因此盛供品以祭祀用的禮器也被儒家、帝王所重視，甚至超越了以「牢」為主的牲禮。漢人社會的民間信仰繼承了古代儒家重禮器的傳統，將形式不一的祀具運用於奉祀神祇與祭祀禮儀中。卜具在漢人社會中最早為占卜行為判定吉凶結果的用具，如甲骨、龜殼、貝殼等，在民間信仰與道教中，主要的功能乃是藉之與神鬼溝通。

台灣民間常見的供具主要有神桌、天公爐、香爐、薰爐、薦盒、燭台、燈台等。為了表示對神明的崇敬，廟宇和民宅廳堂中所使用的祭祀用具，在作工上都非常考究，這些祭祀用具通常以木雕、鑄造方式裝飾，間或雕繪並作，其品類造形十分豐富，也是最近於常民生活的民俗工藝。此外，神轎、法船、儀仗等也是常見的祭祀用具，這類祭祀用具多為因應神祇出巡所置，故也備受信眾之重視。依其實際功能，又可區分為供具、卜具、出巡用具等三大類型。

香爐

　　不論是佛教、道教或是民間信仰，在祭祀禮儀中都十分重視燃香，除了以香供養神明之外，也藉由香煙裊裊上升，望祈願上達天聽。「香爐」是燃香祭祀必備的重要用具，依其祭祀對象而有祭神、祀鬼的不同用途：祭神用的香爐主要為圓形，通常有兩種，一是祭祀玉皇上帝專用的天公爐，以金屬鑄成，作高足鼎的造形，體積較大，置於室外向天處或拜亭。二是祭祀一般神明用的香爐，材質有石、陶、金屬等，多置於神桌上，爐身以圓形居多，並有斗爐（爐身如米斗）、披爐（爐口向外張）、甜爐（爐口向內縮）等形式，以及三足、圈足等造形。而祀鬼用的香

爐口內縮的甜爐較為少見（嘉義番路半天巖紫雲寺）。

圓形陶瓷斗爐。　　　　　　　　　　　　　　方形木製斗爐（台北市大龍峒朝安宮）。

爐與祭神用香爐大小材質相差不多，但外形多採方形，乃源自於天圓
地方的觀念，如孔廟祠堂、公媽廳祭祖或有應公等所用的香爐即為方
形。另外，有時祭祖香爐使用圓形，會加上兩耳表示區別。

　　天公爐為點香祭祀玉皇上帝的香爐。台灣民間信仰繼承古代漢人
信仰傳統，將玉皇上帝視為至高無上的神祇，暱稱為天公，乃是所有
天神、地祇與人鬼神的統領，因此祭祀天公所用的香爐在形式上，也
多有別於祭祀一般神祇的香爐。台灣民間所見的天公爐主要有兩種類
型，一種為寺廟中所用的落地型鼎爐，另一種為民居所用的天公爐。
源於在清末之前祭天乃是皇帝天子的專屬權利，一般寺廟並未供奉天
公之神位，因此就在廟埕或廟前露天處設置一只落地之香爐以祭祀天
公。民間住家則以祭祀三官大帝之名義取代祭天的行為，但在習慣上
仍稱為拜天公，並在祀神廳堂大門後的燈樑懸掛香爐以祭祀天公。客
家族群則多在庭院圍牆上設置香爐以祭祀天公，或是直接將香插在院
埕地面。

雙耳陶製方爐（台南市祀典興濟宮）。

陶製魚形門神爐（彰化枋橋頭天門宮）。　　雙獅三足陶爐（南投市慶興宮）。

　　寺廟的天公爐造形多作落地式圓形三足鼎爐，一般以金屬鑄造，高約三至五尺，在爐身鑄有玉皇上帝名號或寺廟名稱，爐身的兩側各置蟠龍一條，乃是古代「龍生九子」傳說中性好煙的金猊所轉化。而許多寺廟為了避免香枝為雨水淋溼，多在鼎爐上安置圓形或八角形攢尖式屋頂。民眾至寺廟上香時，多先朝天上香之後才向其他神祇上香。台灣閩南族群廳堂祭祀所用的天公爐，其造形多為圓形圈足小爐，青銅或鋁、錫所製，上方安裝數條金屬鍊以懸掛，在鍊條數目上昔日有泉州人用四條（四耳）、漳州人用三條（三耳）的說法，並說四耳為天公爐，三耳則為三界公爐，但近代已多混同。而客家族群公廳祭天的天公爐，多就地而設，材質或陶瓷或石雕，並無定制。

落地神明爐（桃園市景福宮）。

天公爐（新北市五股西雲巖）。

雙耳木製方爐（宜蘭頭城慶元宮）。

　　神明爐為祭祀神明用香爐之總稱，一般以供插線香的香爐為主，普遍見於寺廟祀神和民居廳堂祀神。台灣所見神明爐多安置於供桌上使用，爐身高約六寸到二尺不等，是最主要的祭祀用具，其造形和材質十分多元。神明爐的形式可區分為圓形爐和方形爐兩類，傳統上原有祭祀對象之區分，基於天圓地方之宇宙觀，以圓形爐祭祀天神，如三官大帝、玄天上帝、文昌帝君等，而以方形爐祭祀地祇神和聖賢神，如城隍、山神、土地公、媽祖、關帝、保生大帝等，但近代多已混同。在材質方面，以金屬製（銅、錫居多）為尚，其次為陶瓷、石雕等，木雕、泥塑者較為罕見。在造形上方形爐多為敞口，圓形爐則可區分為爐身直筒如米斗的斗爐，爐口外翻的披爐與爐口內縮的甜爐

方形石雕斗爐（鹿港鳳山寺）。

加蓋的落地神明爐（北港朝天宮）。

雙龍銅爐（南投名間朝聖宮）。

大型落地神明爐（南投名間受天宮）。

三種類型，又有三足、四足、圈足等差異。其次則具有爐耳和無爐耳之不同，爐耳多作雙龍、雙螭或雙獅造形。

公媽爐是漢人廳堂祭祀祖先的香爐，閩南族群泛稱歷代祖先爲公媽，故名公媽爐。公媽爐在材質、形式上與神明爐類似，傳統上多喜好錫製香爐，以錫之諧音祈求祖先賜福子孫。在造形上傳統的公媽爐多作四足的方形爐，以符合傳統祭祀人鬼神之習俗，並特別講究必須有爐耳，以之象徵子嗣不絕、香火薪傳。

薰爐

在台灣民間祭祀禮儀中，燃香供神的方式有數種，最常見的爲燒線香（柱香），其次爲盤香、末香（粉末狀）、瓣香（肅柴）、香珠（多作圓錐形）等。香爐一般多指插線香用的爐具，燃盤香時將大型盤香懸掛於空中，小型盤香則以香盤承接，而燃末香、瓣香和香珠則使用薰爐。相較於一般的香爐，薰爐在尺寸上一般較小，多有蓋，蓋

銅製薰爐，爐蓋作金猊（桃園龜山壽山巖）。

錫製薰爐（台北市大龍峒朝安宮）。

雙耳銅製方爐（台南市大天后宮）。　　雙耳石雕方爐（彰化市慶安宮）。

雙獅石雕方爐（台南善化慶安宮）。　　銅製刈香爐（南投名間受天宮）。

上鏤空以利香煙飄散出，爐蓋上常見有獅子造形的裝飾，此即「龍生九子」中性好煙的金猊。佛道二教在舉行科儀常在科儀桌上以薰爐點燃末香或瓣香，而民間宮廟在迎接遶境神駕時，也會在設置於大門外的香案上供一只薰爐，或是由神職人員手捧置有薰爐的奉案來進行迎神拜禮。

▲ 正一道士在朝科科儀中上手爐香。
▶ 佛教法師在普度科儀中以手爐香請佛。

手爐

　　手爐為一種帶有長握柄的爐具，燃香的爐身作圓形，直徑約兩寸，握柄長約一尺，雕飾成龍形或作如意造形。手爐又可依功能區分為燃粉香與插線香兩種，燃粉香之手爐具有鏤空之爐蓋，內燃粉香；插線香之手爐則在爐身上方中心鑿洞以利插香。在重要祭祀禮儀中，為首之信眾在儀式中持手爐以隨拜。而道壇進行「朝科」科儀中，高功道長則持手爐進行「發爐」儀式，以出官為信眾祈福，為道教祭祀禮儀中十分重要的祀具。

燭台

　　燭台是安置蠟燭以祭祀神祇、祖先的重要器物，一般採一對兩件設置，與香爐、燈台成為祀具中的五大件。燭是傳統祭祀供品中的五供（香、花、燈、燭、果）之一，也是民間祀神祈福的重要供品，因

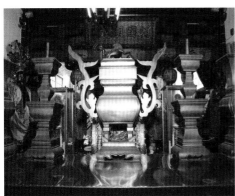

錫製薰爐（中）與燭台一對、花瓶一對合稱五大件（台南安平妙壽宮）。

錫製薦盒與燭台（高雄市鳳山鳳儀書院）。

錫製燭台與花瓶（嘉義縣新港溪北六興宮）。

此安置火燭以供神的燭台也就受到重視，通常爲兩只一對。台灣民間所見的燭台形式十分多元，較簡單的在一只束腰底座頂端安置一只小淺缽，然後在缽中央豎一根短籤以供固定蠟燭；較爲考究的造形則在基座之上安裝一根木雕的假蠟燭，並在燭身裝飾一條蟠龍，恍如寺廟建築中的龍柱造形，稱爲龍燭，是燭台中最精緻者。也有將基座雕飾成蹲坐的一對獅子，或是童子、仕女，作呈托燭盤模樣者。台灣所見的燭台在材質上一般喜歡用錫打造，以祈神祇、祖先賜福，早年也有以交趾陶或木雕方式製作燭台者，近代則多以青銅鑄造，錫器、陶瓷或木造燭台已較爲少見。

燈台

　　點燈供神的燈台座，是傳統寺廟、廳堂中的重要祭祀用具，通常成對配置，安置於神案（上供桌）的兩端，與香爐、燭台成爲祀具中

錫製燈台（嘉義新港奉天宮）。

的五大件。台灣傳統的燈台上端多作蓮花造形，然後在頂端安置一只圓形的朱紅色玻璃燈罩，形似一只大柑橘，因此俗稱為「紅柑燈」。紅柑燈的燈台多喜用錫打造，燈台的台身常作八角形塔樓造形，下端有台腳，台身飾以花卉、鳳、麒麟等吉祥紋飾。昔日的燈罩內置油缽以燃燈，在電力普及之後多已用燈泡取代。台灣民間廳堂或祠堂祭祀祖先的燈台，常見在燈罩上裝飾「鳳毛、麟趾」字樣，期許子孫能有優秀傑出之表現，以祈能光宗耀祖，在傳統社會中被視為是孝道最極致的表現，因此鳳毛、麟趾紅柑燈也成為倍受重視的祭祀用具。

薦盒

薦盒即是置於神桌上專門放置酒杯供神的小台，又稱為奉案，多放置於神案（上供桌）中央的香爐前方，其上方平台放置酒杯或茶杯（通常為三只），作為獻爵、奉茶之用，台灣南部地區則用以盛放小

錫製雙層薦盒與香爐（台南市延平郡王祠）。　　　木製薦盒與陶香爐（新北市新莊廣福宮）。

錫製薦盒（雲林北港莊儀團）。

石製薦盒較為少見（新北市土城大墓公）。　　木製雙層薦盒（南投市藍田書院濟化堂）。

糕點以祀神。薦盒一般多用於宮廟、祠堂；家庭於祭祀神明、祖先或
是置香案迎神時也會使用。薦盒的材質主要有木雕與錫製兩大類，其
形式則有單層和雙層之分，單層的薦盒其造形宛如縮小版的長條形神
案；雙層薦盒的造形則類似有靠背的長條座椅，杯具即供奉於下層的
台面上，主要盛行於台灣中部地區。台灣民間為了表達虔敬之意，薦
盒在製作及裝飾上也較多變化，常以吉祥圖案為主，是祭祀用具中較
為精緻者。

神案（南投市藍田書院濟化堂）。　　　　　　　　神案（彰化市元清觀）。

神案

　　神桌是宮廟或民宅廳堂中用以祭祀的重要家具，一般分為頂下桌，頂桌稱神案或案桌，下桌為正方形，稱為供桌。神案的形制一般作長條形，高度及肩以上，專供安奉神像或是燈台、燭台、花瓶等祀具。在寺廟殿堂內，神案一般設置靠近神像的一端，其桌面兩端常做起翹的書卷形造形，又稱為「翹頭案」，桌腳則常見雕飾著獸頭啣著一隻爪子，爪下抓著一顆珠子的造形，稱為「螭虎吞腳」，為古代貪食異獸饕餮的遺意。桌面前方下沿與桌腳內側，也常見雕有螭虎或花鳥的構件。在家具風格方面，台灣的神桌通常沿襲清末閩南式的作法，除了裝飾偏於繁瑣之外，造形結構也較厚重且多曲線，風格與傳統明式家具有所差別，以大溪、豐原、鹿港和台南府城最具代表性。

供桌

　　供桌爲神桌中的下桌,其形制一般採正方形,桌面四邊等寬,高度與一般飯桌相似,民間又稱爲八仙桌。供桌的功能主要放置祭品以及銅磬、木魚等法器用。供桌在工藝雕飾上一般比神案較爲簡單,但經常會在靠前端的一面繫上一方刺繡的桌帷,或是安上一片彩繪或木雕的桌堵。桌帷又稱爲桌圍、桌裙,是繫在供桌前方的刺繡工藝品,一般以絳紅色或朱紅色的絨布或絲布爲底,其上以金蔥、彩線刺繡著吉祥圖案,具有表現莊重、裝飾供桌的重要功能。台灣桌帷的刺繡題

頂下桌（北港朝天宮）。

刺繡蟠龍桌帷（台南市祀典武廟）。　刺繡雙龍拜塔桌帷（嘉義新港水仙宮）。

材一般會隨著使用的場合而有所不同，宮廟使用的桌帷常見正面蟠龍紋，有時會在四個角落加上官將或八仙形像，上端則多見繡有宮廟名號。民宅使用的桌帷常見財子壽三仙圖樣，有時在四角加上蝙蝠圖樣，上端則多見「金玉滿堂」字樣。在寺廟殿堂中，一進到室內祭祀空間首入眼簾的便是供桌，因此台灣的寺廟也特別重視供桌的設置。寺廟使用的供桌在尺寸上通常較一般民宅所用者較爲巨大，其形制也多作長方形，在裝飾方面也特別重視，多在朝前的一面安上一片桌堵。寺廟供桌桌堵的裝飾藝術，早年多見彩繪手法，近代隨著經濟的寬裕，木雕桌堵有取代彩繪桌堵的現象。桌堵的裝飾紋樣最常見的爲正面蟠龍紋，在正中央彩繪、雕刻一條龍頭居中朝前的四爪金龍，龍身盤繞於龍頭周圍，龍的前兩爪往上方兩側伸出，各執一個珠子與一方印章，後爪則伸往下方兩側，爪下多見有山嶽、海浪的紋樣，有時也會在四個角落加上官將、八仙等，桌堵的上沿則彩繪、雕刻寺廟的名號，是寺廟中精緻的祀具工藝。

斗筒

斗筒即拜斗儀式中所供奉的聖具。「拜斗」乃是源諸古代的星
辰信仰，道教傳統認爲：祭祀北斗星君可消災解厄，祭祀南斗星君可
延壽祈福，故能祈求一家人「元辰光彩」。斗筒使用於禮斗法會，或
醮典時用以祈福祭祀，稱爲「斗燈」。斗筒從一般的米斗到雕刻精緻
的木斗皆有，其中盛滿白米，上插涼傘，傘下爲紅色斗籤，其上書寫
日、月之稱諱，特別是南斗與北斗之形。在斗筒中依序置放剪刀、
尺、鏡、劍諸吉祥、辟邪物，以示五行俱全，亦各具深刻之寓意，
例如：寶劍屬金，辟除不祥；剪刀亦屬金，既可剪除不祥，亦諧音
「家」，全家增祥。秤一把屬木，可秤一家之福分，尺一把亦屬木，
可衡量是非善惡。其內又有土缽乙只置於圓鏡前，屬土，內盛燈、燭
油屬水，在加上點燃後之火即五行俱全。斗燈一旦點燃後即不可熄
滅，經由火光照耀鏡中使之閃耀通明，以此祈求斗首闔家「元辰煥
彩」。

禮斗（台北市松山慈惠堂）。

斗燈（雲林斗六新興宮）。

卜具

筊筶（桮）

　　卜具即是信眾用以請示神意的重要器具，常用的有筊筶與籤筒兩種。筊杯在台灣慣用「筶」（或「桮」，讀音Poe，同杯），其形狀為兩片相對的新月形，尺寸大小不定，以雙手能取握為主，突起的一面為陰，平面一邊為陽，材質為竹頭或木質。通常以「擲筊」（筊筶）的方式請神指示，落地時一陰一陽為「聖筶」，表示神明的同意。兩片皆陰為「伏筶」（讀音為 Kap Poe。民間也有稱為「哭杯」者），表示神明不同意。而兩面皆陽則稱「笑筶」，表示神明不置可否。

木筶（台中市城隍廟）。

竹頭筶（台南市永華宮）。

籤筒（雲林斗六新興宮）。　　　　　　分科藥籤筒（台南市祀典興濟宮）。

籤筒

　　籤筒通常與籤枝、籤詩合用。籤筒置於供桌的旁邊，高度及腰，若置於供桌上的則較短，材質有竹、木或金屬，內置籤枝。籤枝與籤詩的數目一致，上面記載著籤詩的首別，以竹或木片製成，供信眾問神筊杯時求取。籤詩一般以四句為一首，信眾透過詩文來瞭解神明的旨意。籤詩有三十六首、六十首、一百首、一百二十首等區分，有吉有凶，最吉的籤稱為「上上籤」或「籤王」，最差的籤為「下下籤」。籤詩類型又分為「運籤」與「藥籤」，運籤求運道，一般求籤的廟宇均有接受；而求藥籤則是為了解決疑難雜症，通常見於主神有醫事靈力的廟宇，如保生大帝廟、神農大帝廟等。

神轎

　　神轎民間通稱「輦轎」，因其規模，可分爲二抬（二人扛）、四抬（四人扛，俗稱轎仔）、八抬（八人扛，俗稱大轎或神轎）等三類。其中八抬轎體量最大，也較受民間重視，尤其是天后聖母（媽祖）所用的輦轎，因天后地位崇高而被稱爲「鳳輦」。二抬神轎分爲大、小兩種，較小輦轎又稱「手轎」，爲所有輦轎中形制最小者，通常在輦轎上供奉小型神像，或是以神明符令張貼於輦轎正背面以代表神明，一般爲事主請神問事之用，由乩童及其副手各執手轎左右兩邊的轎腿起乩降身，或直接於手轎右側扶手前端書寫出神明對事件的乩示。其次是出巡遶境所

飛輦轎（桃園竹圍福海宮）。

手轎降乩（台南市東嶽殿打城法事）。　　　　　　　手轎（鹿港奉天宮）。

二抬神轎降乩（桃園竹圍福海宮）。

用的，需附加轎槓分別由前後二人扛抬。輦轎的形式因其規模的大小
也有不同的造形，二抬與四抬神轎通常作太師椅造形而不附加轎頂，
常做為神明降駕用的「乩轎」；八抬神轎作傳統宮廟屋頂式轎頂者為
「文轎」，無固定式轎頂者則為「武轎」。多為王爺、城隍爺等武職
神明所乘坐。八抬輦轎多以木雕、彩繪等手法加以裝飾，轎身之外也
常加上一些錦飾，顯出華麗的氣派，以表示對神明的崇敬。

▲ 八抬文轎（雲林斗六新興宮）。
▼ 八抬武轎（全台太子會）。

桌上型儀仗左班（鹿港萬春宮）。

儀仗

儀仗本為古代皇妃、皇太子外出巡行時所用的儀衛兵仗（皇太后、皇后稱「儀駕」，妃嬪稱「采仗」），民間則沿襲其體制用來莊嚴神明出巡時的陣容。依民間慣例，只有王爺級神格以上的神明才能使用，常見的為媽祖與王爺的儀仗，媽祖為七十二付、王爺為三十六付。儀仗的內容有：頭旗、涼傘、執事牌（長腳牌）、日月、開山斧及各種武器、搖扇等。一般為木質刻製，形制有大有小，大付作為出巡時用，小付置於神龕上。

「頭旗」是神明出巡遶境之時，位於隊伍最前方，具有昭示神祇聖號或廟宇名稱功能的旗幟。宮廟頭旗的形制，一般為長條形，其面繡以神祇或宮廟的名稱，可區分為直式、橫式兩種。直式的頭旗多見於台灣中、北部地區，傳統上用帶輪子的金屬製旗架推動，近代則多安置於小貨車上，由於形狀像帆船的風帆，又稱「風帆旗」。橫式的頭旗多見於南部地區，上端穿上竹竿，前後兩人扛抬，旗面上字的方向，傳統為向前方轉九十度，在兩個神明隊伍交會時則將頭旗向上舉起，讓對方知道自己的名號。由於頭旗主要在昭示神明、廟宇之名稱，故民間都十分注重，以精緻刺繡手法製作，是重要的信仰文物。此外，除了宮廟，台灣民間的陣頭也都有頭旗的設置，如曲館、武館，以及其他廟會陣頭等。各館閣所用的頭旗在尺寸上一般較小，在形制上較為多樣，有三角形、方形、直式長方形等三種，其材質一般與廟宇類似，多為錦面刺繡，但近代台北地區也有使用錫、白鐵打製者。

「涼傘」古名稱為「華蓋」，原為帝王、妃后等出巡時的車蓋或傘蓋，通常以

頭旗與頭燈（台北市大龍峒協天宮）。

涼傘（台南市西港香遶境）。

華麗的刺繡加以裝飾，以彰顯帝王之尊貴。華蓋相傳為黃帝所作，
《古今注》中說：「華蓋，黃帝所作也。與蚩尤戰于涿鹿之野，常有
五色雲氣，金枝玉葉，止於帝上，有花葩之象，故因而作華蓋也。」
至兩漢之交，亦傳王莽作華蓋九重之說，表示華蓋為古代帝王彰顯其
尊貴地位之物。由於道教及民間對神明的崇祀，一般多模擬古代帝制
的排場，華蓋即被運用於神駕儀仗之列，台灣民間習稱為涼傘。除了
運用於神駕儀仗之外，也以較小的形制見於拜斗儀式的斗燈之上，又
運用於民間藝陣中的跳鼓陣，功能雖有諸多轉化，但原始意義仍沒有
太大差異。

法船

　　船是人類社會古老的水上交通工具，船因爲具有駛離轄境、從此岸渡到彼岸的功能，因此在傳統漢人宗教信仰中，就利用它來作爲神靈乘載的重要交通工具，而將船從實用功能的器物轉化爲巫（法）術性的重要法具，稱爲神船或法船。神船或法船在傳統宗教儀式中運用相當廣泛，主要有供王爺乘坐之用的神船與供引渡靈魂之用的法船兩大類。前者又稱爲王船，是台灣西南沿海地區舉行王醮醮典或送王祭典時常見的法器，主要的功能在於送走瘟神王爺，但由於王爺具有驅瘟逐疫的職司，所以王船也被視爲逐疫的重要法器，又稱爲「瘟船」。除了王爺之外，也有少數神祇以船作爲交通工具的，如鹿耳門天后宮供奉一艘媽祖船；台南地區平埔族西拉雅人，以船送阿立祖返回祖靈所居之地，名爲阿立祖船。除了一般的王船之外，法船的功能主要在超度祖先神靈、無主孤魂等往西方極樂世界，一般見於超度性的儀式中，如普度法會、水陸法會等。

超度祖先亡靈之紙糊法船（台北市三山善社）。

屏東東港壬辰科（2012年）迎王平安祭典王船遶境。

　　這種基於法術需要的「法船」，一般而言，其材質可分為茅草結的茅船、紙紮（糊）的紙船、木造的木船或紙木合造等，視當地自然、人文環境而定。大體而言，凡濱水（江河、海洋）地區法船的形式較接近真船。而無江河、海洋者，通常只是象徵性的將船放流於湖泊或水池，船的形式也較簡略、縮小許多。台灣西南沿海盛行的迎王祭典中，王船的建造往往是最受矚目的項目之一。迎王祭典中所使用的王船主要有木造、紙糊兩大類。其中木造王船多仿照古代三桅海船建造，尺寸從三、四尺長到三、四十尺不等，又在船身施以精美的彩繪或紙糊裝飾，可說是台灣民間精緻的宗教藝術，以屏東東港與台南西港的木造王船最為壯觀。紙糊王船以竹、木為骨架，船身糊以色紙並加以裝飾，是一項重要的紙糊工藝，但尺寸較小。而超度用的法船有的類似紙糊王船，有的以紙板接合而成，或者純粹以紙錢摺疊接合。不管法船使用何種材料製作，在儀式結束之後都要將它火化，王船之火化儀式，民間稱為「遊天河」。過去民間也有根據舊俗將木造王船流放水面，稱為「遊地河」，但這種作法目前已幾乎絕跡。

金銀紙錢

傳統漢民族的信仰習俗中，金銀紙彷如人間的各式錢幣，具有通行買路及支付基本生活費用等功能，由於國人認為不論是神明所屬的靈界還是人死後所屬的冥界，皆有在日常生活中使用錢幣的需求，因此必須針對不同的祭祀對象而準備相關的金紙（又稱為「財帛」，用於神明）、銀紙（用於祖先、鬼）或紙錢（用於神明或鬼），下面僅列舉與一般祭祀活動較為相關的金銀紙。

台南地區常用之金紙，由左至右：尺金、天金、壽金、刈金。

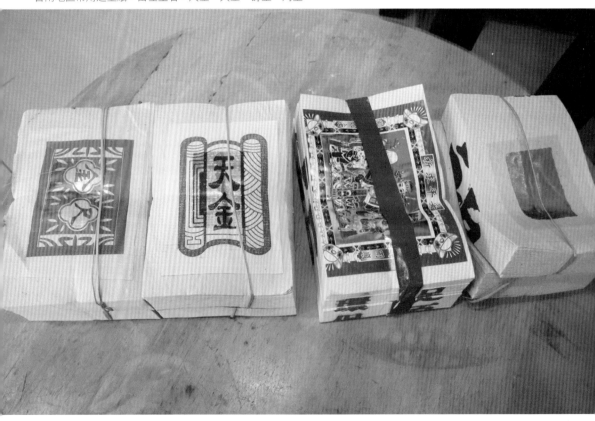

種類	名　　稱	形　　制	用　　途
金紙	頂極金	是最高級的金紙，金箔上寫有紅色「叩答恩光」字樣，北部稱「天公金」。有九寸、尺一、尺二規格（南部稱二刈、三刈、四刈），金箔分為四寸、七寸見方。	祭拜玉皇上帝。
	太極金（財子壽）	印有三尊財子壽神像，又稱為大百金壽金，金箔上寫有「祈求平安」字樣。有九寸、尺一、尺二規格（南部稱二刈、三刈、四刈），金箔分為四寸、七寸見方。	祭拜玉皇上帝、三官大帝。
	天金	寫著天金並繪有書卷圖案，形制約五寸四方，金箔為一寸五分（南部地區習俗）。	祭拜玉皇上帝，平時可用於改運。
	尺金	寫著尺金並繪有花草圖案，形制約五寸四方，金箔為一寸五分。	祭拜玉皇上帝，平時可用於改運。
	盆金	為一尺三見方，紙上釘滿針孔線樣（南部地區習俗）。	祭祀玉皇上帝、謝神時用。
	壽金	約四寸九分乘四寸兩分，印有三尊財子壽神像，金箔上寫著「祈求平安」字樣。分大箔、小箔或大花、小花壽金。	祭祀一般神明、祈求許願時。
	刈金	約四寸九分乘四寸兩分，分大箔、中箔。	祭祀一般神明、祖先、地基主、拜門口好兄弟等。
	四方金（土地公金、古辦金、福金）	北部約四寸乘兩寸九分，有大箔、小箔兩類，大箔為二寸四方，金箔為八分四方。小箔為二寸四方，金箔為四分四方。而南部的福金尺寸較大。	祭祀福德正神、財寶神、諸神等。

台南孔廟「重修府學碑記」。　　　　　　　　以傳統木刻印版所印製的神禡（台北
　　　　　　　　　　　　　　　　　　　　　士林慈誠宮）。

碑碣

　　台灣許多歷史悠久的廟宇，都會有一些石刻碑碣，記載建廟的
沿革、修建過程、捐獻名錄、平面圖示等。一般都邀請地方官員或仕
紳、文人撰文題字，一些製作較為考究的碑碣，也會在碑文旁刻上蟠
龍圖案，並在下方以刻成龜狀的石雕承負碑身。若是官建廟宇或碑文
為朝廷所賜，也會在碑身上方刻上聖旨圖案，是瞭解廟宇歷史不可或
缺的重要文物。

印版

　　傳統版印藝術為印刷術的源頭，結合雕刻與印刷技藝，印版雕
作的優劣即被視為印刷品質高低的要件。古代用以刊印書籍，民間則
以之印刷民俗版畫、神禡、符令、籤詩、紮作構件等，廣泛運用於宗
教、民俗等印刷物之上，是傳統民間藝術中價廉物美的作法，深受民
眾的喜愛。印版由於雕工精緻、歷史悠久，常被視為珍貴的文物。

鐘鼓、雲板

　　鐘、鼓、雲板原為佛教寺廟的用品，用來做為僧侶作息的時間依據，所謂「晨鐘暮鼓」，清晨鐘聲與傍晚鼓聲分別做為僧侶早、晚課時間的訊號，而雲板則作為用餐的訊號。但佛教之外，各廟宇所置的鐘鼓則作為迎送神明或舉行祭典儀式時所用，遇有神明出巡與返回，或是有別的神明來進香或參香時，廟宇必定敲鐘擊鼓以示隆重。

　　鐘的材質為銅所鑄，大小不一，鼓則為皮革材質。鐘鼓通常置於鐘鼓樓中，或高掛於廟宇兩廂迴廊，為了保持神聖性，一般信眾不能隨意接近。雲板通常為木質刻成或以青銅鑄成，上作如意雲朵的線條與形狀，僅見於佛寺中，通常掛於齋堂之外。

鍾（新北市新莊廣福宮）。

雲板（台南市六甲龍湖巖）。

鼓（新北市新莊廣福宮）。

Chapter 6
台灣社廟的建築

　　台灣傳統廟宇是早年漢人移民精神生活的焦點，廟宇建築與其他漢人傳統建築如住宅、衙署等，在建築風格與格局上雖然有明顯的相似性，但廟宇自有其傳統，隨著主神的神格而有一定的模式，加上宗教功能與移民信仰心理，導致廟宇建築相較其他建築有截然不同的面貌。

國定古蹟鹿港龍山寺擁有優美的格局，山門形式秀麗。

艋舺龍山寺正殿在日治時期改建為殿堂（大殿獨立）式。

　　台灣社廟的發展根據漢人社會歷史階段的不同，可概略區分為先民開創時期、庄社構成時期、庄社發展時期、城市形成時期、日治時期、二戰結束以後。每個時期的祀神型態與廟宇建築的風格與格局也有所不同。概略而言，在清政府領台之前，由於廟宇建築多為草創型態，所用素材也多簡陋，談不上所謂的建築格局與風格。清初時期的廟宇建築因為在地點與面積上的限制較小，廟宇多位於聚落或城市之重要位置上，如坐落於丁字路口上作為辟邪，或坐落於市場廣場、重要碼頭旁邊。清初的廟宇建築在格局上多較為宏大而完整，建築風格也多保持較為典型的閩南傳統，裝飾趨向於簡單而素淨，但又相當講求營造匠師的匠藝水準，如鹿港龍山寺即是最佳典型。這時期的廟宇往往成為台灣廟宇建築史上的傑作，可惜迄今仍能保持較多原貌者已所剩無幾。

清中葉以後重修的寺廟大量採用台灣石材（新竹北埔慈天宮）。

　　清代中期的廟宇由於台灣各地的商業逐漸興盛，幾個重要的聚落都已成為重要商業重鎮，相對地，土地的取得已不若清初時的容易，廟宇建築在格局上便縮小許多，即便是能以壯觀取勝者，也多較為遠離市街而位於聚落的邊緣地帶。在建築風格上，因為民間經濟力量的提升，使得廟宇在建築裝飾上更形精緻且繁多，但仍保持較為樸素的初期傳統，如淡水鄞山寺。商業時期所建的廟宇迄今仍能保持初建時的風格原貌者也不算多，即便是保持廟宇原有的規模，也多因重建而在風格上有了很大的差異，如艋舺龍山寺、三峽長福巖（清水祖師廟）即是最明顯的例子。此外，清初的廟宇在格局上多注重縱深的延長而較少注重正面寬度，但清代中期所建造規模較為完整的大廟，雖然多保持著傳統四合院式的平面格局，卻往往縮短縱深而加寬前殿立面的開間。

　　清末時期後的廟宇建築，多有創建於清初後經過重修者，此一時期的廟宇建築往往走入弄巧成拙的路子裡，最大的因素是，一向嚴格的師徒相傳傳統有了變化，加上外來之突兀影響及新材料之混淆生疏使用，造成傳統手法的危機。大體言之，在建築格局上，這時期的廟宇多被增大，如鐘鼓樓的普遍使用；材料的種類增多，如磁磚、玻璃等，裝飾上則超越了「豐富」的標準而顯得過度繁複。但自民間藝術的角度而言，因為匠師的注意力及信眾的興趣投注到建築裝飾之上，反而觸發了某些民間藝術的勃興[1]。其次，廟宇的格局模仿孔廟而將正殿建成「大成殿」式的獨立形

---

1 李乾朗，1979，《台灣建築史》，頁210，台北：雄獅圖書公司。

式，並在兩旁建高聳的鐘鼓樓，這種趨勢在清末以後出現少數案例。由於趨勢所致，使得一些原本中庭並不寬敞的四合院格局廟宇，將正殿改成獨立殿堂形式後更讓廟宇建築空間顯得擁擠，甚至喪失了原本寬闊的中庭功能，如鹿港天后宮、三峽長福巖即是明顯的例子。

　　日治時期重建或新建的廟宇建築有幾個明顯的趨勢：一為屋頂形式的複雜化，如將一層歇山頂架在硬山頂上的「假四垂」式屋頂被大量使用，並大量增加屋頂裝飾的數量與體積，這種屋頂形式的改變趨勢也使得廟宇建築更形華麗。另一方面則是因為本島石材的大量開採，廟宇建築也大量使用石材，尤其是在前殿正面的簷牆更幾乎被石材占滿，使得建築風格更形厚重。二戰結束以後，由於國民政府遷台，以及中國江、浙蘇地區佛教教派陸續渡台發展，大量引進北方式廟宇建築的風格，加上鋼筋水泥材質的大量使用，使得台灣傳統廟宇產生了巨大的變化。近代新建的廟宇已幾乎失去傳統閩南式廟宇的風格，許多廟宇建築多趨向混合式風格，在格局方面也產生諸多設計，此一發展雖然使得廟宇外觀更形繁複，但廟宇建築的藝術品質卻也隨之陡降，罕見有昔日精緻、素樸的民間藝術水準。

前殿屋頂作「假四垂」式樣，為清末之後漳州派大木匠師的特色（嘉義城隍廟）。

前殿屋頂作「斷簷升箭口」式樣，為清末之後泉州派大木匠師的特色（新竹都城隍廟）。

建築風格

這裡的「建築風格」，主要是指廟宇建築物除了較屬建築專業性的營造技術之外，因其地域性、時代性、建築素材、建築手法等的差異，在外觀上所予人不同的視覺感受。關於漢民族傳統建築的風格，一般傳統建築學者共同的看法可概略區分為北方式建築（北系建築）、南方式建築（南系建築）兩大類型，建築學者在提到建築風格時，幾乎一致地以「北京紫禁城」為標準北方式建築風格的典型，而長江以南的庭園、廟宇建築則作為南方式建築風格的代表。

至於台灣的廟宇建築，其風格源自於閩南一帶的南方式建築，雖然在社會、經濟等背景因素影響之下，不同時期的廟宇建築之間也有差異性產生，且逐漸發展出在地化

台灣的北方式建築多在1949年以後自中國引進，許多寺廟也因此改建為中國北方式風格（彰化田中鼓山寺）。

台南土城聖母廟是近代少數採取北方式建築風格的大型廟宇之一。

的特色，但在二戰結束以前其風格仍可視為傳統南方式建築風格的延續。然而一九四九年之後，由於政權的轉移與中國佛教傳入台灣等因素，導致數十年來在文化變遷影響之下，台灣廟宇建築逐漸吸收了大量的北方式風格，加上鋼筋水泥素材的大量使用，以及建築營造技術的快速轉變等因素，台灣許多新建的廟宇逐漸在建築風格上產生驟變，很難再以傳統南方式風格概括之，因此筆者將這類廟宇建築歸入混合式建築風格類型。

北方式建築

　　傳統北方式建築的起源歷史悠久，通常指黃河流域（中原）一帶的建築風格，以古代宮殿建築為代表，明清時代的北京紫禁城建築群是其中的典型。此類型的北方式建築由於被歷代官方視為正統風格而加以支持，加上近代中國研究傳統建築學者普遍重視，使得這類建築風格幾乎成為傳統漢人建築的中心典型。尤其是自北宋崇寧二年

（1103），北宋政府為了管理宮室、壇廟、官署、府第等建築工作，頒行了由李誡重新編修的《營造法式》一書，對於前述各種建築的設計、結構、用料和施工加以規範，經過明清以來的實踐，由《營造法式》規範所呈現的建築風格幾乎為傳統漢民族建築的標準形式，由於其規制定型於清代時期，故又被傳統建築學者稱為「清官式建築」。

北方式傳統建築不論是以紫禁城為主的宮殿建築，或是一般大型廟宇建築，其建築風格的主要特色為：一、在組群與單體的規模通常較為龐大，建築外觀上較為簡單、裝飾較少，尤其是在屋頂裝飾方面最為明顯。二、北方式廟宇屋頂的屋脊多偏向於單純的直線，瓦飾僅有正脊兩端的吻獸與垂脊或戧脊尾端的仙人走獸，其裝飾則集中在大木結構與裝修之上。三、內檐裝修的頂棚則多作彩繪「天花」裝置，位於重要位置處置「藻井」，而藻井的線條造形也有諸多變化，使得頂棚顯得相當繁複而華麗。四、彩繪的形式多以「和璽式」或「璇子式」為主，「蘇式彩繪」為輔。五、在外檐裝修的檐牆格扇上，北方式廟宇多採較為單純的幾何圖形造形等。

總而言之，傳統北方式宮殿建築整體呈現一種堂皇、厚重、工整的風格，予人較為堅硬、沉重的視覺感受。台灣現有的北方式廟宇建築幾乎都是一九四九年以後才自中國北方引進，多半見於佛寺（如佛光山寺）與現代官建孔廟（如台中、高雄孔廟）、忠烈祠等，近代也有少數新建的大規模廟宇採用北方式建築風格，如台南的土城聖母廟即是最佳的例子。

南方式建築

南方式傳統建築，泛指自長江流域向南的傳統建築。長江流域一帶由於自古水運的便利而有較為密切的文化交流，在建築上也形成了較為接近的風格。閩、粵沿海自宋以後與南洋地區的貿易關係逐漸密切，故閩南式建築也吸收了南洋地區的建築裝飾風格，但由於閩、粵

閩南式廟宇屋頂的曲線與繁複的屋脊裝飾是主要建築特色之一（北港朝天宮）。

漢人仍多堅持漢人文化傳統，故以廟宇、官署為主的建築在格局上多遵循傳統宮殿建築的樣式，形成一個相當獨特的體系風格。而台灣傳統建築的風格多傳承自閩、粵一帶，雖然數百年來在地化的發展下，也形成了風格上的變異，但仍可視為閩南式南方建築的體系。南方系統的傳統建築在各地區之間仍存有明顯的差異性，但較為一致的風格特色是：一、屋頂、屋身之線條較為輕快多變化，且多曲線。二、屋頂裝飾繁複，手法多見泥塑、陶瓷等，裝飾物之造形、顏色華麗多樣。三、屋身之棟架結構與牆面喜歡以雕刻、彩繪、安金以及泥塑等手法加以裝飾。四、建築彩繪多偏向蘇式彩繪風格。五、建築組群中的單體建築規模較小，風格以秀麗為主，不似北方建築之宏偉壯麗。

　　廟宇建築是閩南式建築中最具特色者，其建築風格的主要特色表現在下列各方面：一、在組群格局上顯得較為緊湊，合院多以四周的建築物聯結成一個密閉的空間，不若北方式合院以圍牆連接各個建築

▲ 閩南式傳統大型寺廟在建築格局方面，常以緊湊的建築單體
　構成建築群（北港朝天宮）。

◀ 閩南式廟宇樑架喜用雕刻配合彩繪、安金裝飾，呈現出華麗
　熱鬧之風格（新港奉天宮三川殿）。

物，而其建築格局與規模也不若北方式建築的龐偉。二、重視裝飾是
台灣傳統廟宇的最大特色，尤其在屋頂方面最爲明顯，燕尾重脊、剪
黏、泥塑（交趾陶）等幾乎密布整座廟宇的屋頂。三、在裝修方面則
多將重點置於神龕、藻井部位，頂棚除了藻井之外多採露樑的「徹上
明造」方式而不用天花板，以保持通風的需要。藻井雖爲台灣傳統廟
宇建築裝修最爲重視者，但在線條造形上則多較爲規矩而單純，主要

由斗栱所疊架而成的方式建構，不若北方式藻井之華麗多變。四、在裝修上多以木雕爲主，少部分的彩繪多位於具重要承力作用而不便做過多雕飾的大木結構之上，且彩繪的風格也多偏向蘇式彩繪，繪畫性較強、圖案性較弱。五、在外檐裝修上則多以雕刻裝置檐牆格扇等部位，雕刻的手法及主題內容富有變化，而鮮少單純的幾何圖形式樣。鹿港龍山寺、台南祀典武廟、淡水鄞山寺等，都是著名的台灣傳統閩南式廟宇風格的典型代表。

混合式建築

混合式的建築，主要是指建築物的風格兼採北方式建築與南方式建築的部分特徵元素所構成。台灣在一九四九年以後因爲外來因素的影響，在北方式建築大量引進成爲許多官方建築或佛教廟宇所採用，甚至曾有一段時間成爲官方唯一認可的傳統建築式樣之下，台灣許多新建的廟宇遂採用這類混合式建築風格，最常見的作法是以北方式的屋頂結構配上傳統閩南式廟宇的屋架、牆面等，也有將北方式廟宇

台灣混合式風格的廟宇多採北方式屋頂、南方式棟架的組合模式，多出現在一九五〇年代以後新建的廟宇（高雄市三鳳宮）。

高雄左營啟明堂混合北方式屋頂與閩南式屋架建築風格。

三重先嗇宮後殿採北方式屋頂，建築風格與前殿、正殿迥異。

的天花、藻井裝置以及樑坊彩繪使用於裝修之上者。前者如高雄啓明堂，後者如蘆洲湧蓮寺，雖然在混合的程度上有份量偏重上的差別，但多已無法視爲單純的北方式或閩南式建築。

由於歷史因素，使得台灣在近半世紀以來成爲來自中國各地漢民族文化與本土在地化的漢人文化大集合之區域，除了政治力量的干預之外，各文化之間也難免有相互學習模仿的情形。因此這類混合式廟宇在近代已有逐漸增多的現象，而在日積月累下，彼此之間的突兀極可能逐漸被接受而爲人們所習以爲常，成爲另一種風格特色。

此外，在日本殖民政府統治時期，隨著日本十九世紀末、二十世紀初的歐化風潮，將歐洲古典建築引進台灣，一時之間台灣本土出現許多「大正」風格的西式建築。廟宇建築雖然有其固定傳統風格之特

▲ 建於1960年代的新北市三峽行修宮為鋼筋水泥仿木構建築式樣，具有時代指標意義。

▶ 建於1956年的台南市六甲赤山龍湖巖圓通寶殿，前簷作女兒牆剪黏裝飾，為日治時期引自歐式古典建築式樣的遺緒。

色，但也不免受到這股西式建築風潮之影響，如彰化南瑤宮後殿即採取引自日本的「仿唐式」建築風格。然而，期間只有極少數廟宇留下明顯的西式風格單體建築，但局部結構上附加西式建築風格則顯得較為普遍，最明顯者即龍柱柱頭採取民間俗稱「白菜頭」的西洋柱頭式樣。

廟宇格局

漢民族的傳統建築由於喜用土木爲材料，土木素材雖具有較高的可塑性，卻不適宜建造如西方古代那樣體積龐大的單體建築，因此，在古代建築文化中，即發展出由數個建築單體組合成爲建築群，來表現傳統崇尚「大」的空間意識。因此，建築的格局問題備受傳統建築的重視，也發展出屬於漢民族獨特的空間觀念與藝術。

台灣傳統廟宇建築在營造過程，除了必須遷就材料、技術、地理自然環境之外，因爲傳統信仰中的風水生氣觀念的影響，也特別重視基地及其方位的選擇，即所謂建廟之前先要相地的傳統慣例。其作法多由勘輿師尋找一塊適合建廟的吉地，定出主要方位之後再由大木匠師負責設計廟宇的格局與結構。由於廟宇一向是台灣漢人聚落的重心

單座式廟宇頂多在前方加一座拜亭，常見於各地的庄廟（嘉義大林鎮上林里代天宮）。

所在，故廟宇的方位與格局亦備受民間的注重。台灣傳統建築的方位傳承漢文化喜採「坐北朝南」的方位，但礙於古代專制政體對於民間建築方位的限制，一般常捨棄這種安排，加上地理風水觀念的影響，台灣的廟宇多見以中央山脈爲龍脈，故常作「坐東朝西」的方位；即便是採南北向者，也多將方位稍微偏向東或向西，以免觸犯了官方的限令，前者如鹿港龍山寺，後者如艋舺龍山寺。

至於在廟宇的格局方面，民間傳統觀念中，格局往往象徵著主神神格的高低，或主神信仰在信眾心目中的地位，因此，早年在台灣，主神神格愈高或香火愈盛的廟宇，其建築格局往往也相形完整而宏大。台灣傳統廟宇的格局，過去因爲歷史環境等因素大多不若中國地區廟宇之規模宏大，但也因爲遷就聚落發展的型態，產生一些在地化特色的格局，如長條形街屋式格局即是。而近代又因爲快速都市化以及建築素材與技術的轉變，廟宇建築格局也有往高度發展的趨勢，加上空間適應的多功能需求，大量出現彈性作法的安排，而使得這些新建廟宇建築已不能再依照傳統的格局類型加以概括。故在探討廟宇建築的格局時，便須就現況的發展來思考。

台灣傳統廟宇的建築格局，依照廟宇建築組群之規模大小而言，可區分爲單座式、一條龍式、街屋式、合院式、殿堂式、樓閣式等數種。這些大小規模不同的廟宇建築格局之間，在民間的認知中也有等級上的差異，概略來說，以殿堂式格局爲最高的等級，其次爲合院式、街屋式、一條龍式、單座式等。就另一方面而言，由於傳統建築也十分講究建築組群縱深的「進」數，愈多進的廟宇其等級也愈高。

單座式

單座式廟宇一般是指只有一座單體的建築物，頂多在廟前加上只有柱子的拜亭（軒），這種型式的廟宇最常見的是各地供奉土地公的「福德祠」（土地廟）、供奉有應公的祠廟等。

遷建於大直雞南山麓的劍潭古寺僅重建後殿，形成一條龍式格局。

一條龍式

　　一條龍式廟宇建築的縱深只有一進，但整體呈一字形，正面向左右延長的型態，各殿堂皆以左右排列方式呈現，中央為主殿、兩旁為偏殿，這類格局較為少見，如由劍潭遷建於大直雞南山麓的劍潭古寺，即是這種建築式格局廟宇，而大溪蓮座山觀音寺則在中殿前加一座拜亭。

街屋式

　　所謂「街屋」也稱為「長條街屋」，閩、粵一帶稱之為「竹竿厝」或「竹筒屋」，其形式為門面寬度較窄而以進深向後延伸之建築。「街屋」形式廟宇建築的形成，肇因於臨街地段地價昂貴，故將正面縮減而加長縱深，因此建於街上的廟宇也順勢成為長條街屋式。

位於街區之廟宇通常順應街道而成為正面狹小、進深長的街屋式格局，如台南市北極殿兩側為商店。

街屋式廟宇多見於台灣開發較早的聚落（如台南、鹿港等地），如台南市的北極殿、鹿港的三山國王廟與興安宮即為典型的「街屋」式建築。尤其興安宮為鹿港早期中型街屋式廟宇的典型範例，其進深約為面寬的四倍之多，因此由廟門往內看，特別覺得深遠而神祕。

合院式

　　所謂的「合院」，即廳堂與廂房（本省稱之為「護龍」）組成平面呈「ㄇ」、「口」、「日」及「目」、「曲」等字形之建築形式，為漢族建築主要形式之一。合院式建築不但是台灣漢人傳統民宅最常採用的建築形式，也是早期傳統廟宇建築最常見的格局，其特徵為所有房舍之正面均朝向中庭。若就空間配置的完整性或封閉性來說，殿堂式建築其實亦屬於廣義的合院建築。而合院建築之所以成為漢族最

▲ 台南三山國王廟平面格局成「曲」字型，正面外觀宛如
　三座廟並立。

◀ 台三合院式廟宇較為罕見，一般都由民宅祀神發展而成
　（三峽宰樞廟）。

　　主要的建築形式，除了有其自然環境背景之外，與傳統的家庭觀念更
是息息相關。對外呈封閉的家牆，很清楚的構成「以家庭爲單位」的
意象；三四棟房屋圍成的合院式配置，朝向庭院的牆面又特別單薄、
開敞，表現出一種向心、凝聚、聲氣相通、呼應一體的空間感，也說
明了傳統家庭觀念的濃厚。

合院有「三合院」與「四合院」之分，三合院格局多見於台灣傳統民宅，廟宇建築則多採四合院格局。早年台灣漢人移民來台時，常將故鄉神明的神像或香火一起攜來，在未建廟之前即供奉住宅的祖廳上，以三合院的正身當作正殿，嗣後隨著信仰的發展多在正殿前加建一座亭軒式的拜殿，成為早期廟宇的主要類型。迄今在台灣仍有許多這類廟宇，如三峽宰樞廟、五股西雲巖、大溪齋明寺、彰化虎山巖、台南西華堂等。

　　閩南式四合院建築的特徵是四邊建築物圍繞一庭院，形成一個較為密閉的空間。前後橫向的建築物稱「進」，左右直向的建築物稱「護室」（即北方式建築之「廂」，台灣民宅稱「護龍」），小型四合院建築至少有兩進兩廊，其布局呈「口」字型，如鹿港文武廟。或是在左右兩側又各增一護室，而使平面格局成為「皿」字形，如淡水鄞山寺、大稻埕慈聖宮。較大的格局則作三進、兩廊（或兩護室）而

桃園大溪齋明寺為三合院格局。

▲ 三合院格局廟宇常作帶軒（拜）亭）形式（彰化花壇虎山巖）。

▼ 寺廟在前、正殿之左僅帶一條護室，是較為少見的格局（鹿港鳳山寺）。

四合院式建築由四周之建築物圍繞中間的庭院而成，是台灣常見的廟宇格局（雲林土庫順天宮）。

台南佳里興震興宮建築規模為兩進兩廊外帶兩護龍，平面格局呈「皿」字型。

呈「日」字型，如台南的祀典武廟、清代的鹿港天后宮（舊祖宮）；或呈「目」字型，如台南大天后宮。此外，也有將合院再向左右兩側擴充，也就是將三座合院左右並聯，而形成建築組群中產生許多天井的型態，使平面成為「曲」字型，使得廟宇組群形成三條平行之中軸線配置，這種並聯式合院格局，通常使用在一座廟宇中有不同主神供奉時，如台南三山國王廟（左祀天上聖母、右祀韓愈）。

殿堂式

　　殿堂式建築又稱為大殿獨立式，原為典型北方式廟宇建築的格局，其格局的基礎仍是合院建築平面類型，主要的殿堂居中而四周以迴廊（或護室，孔廟稱「廡」）及門屋（前殿）、後殿環繞之建築形式，最小的組群特徵是四周建築物圍繞中央一座獨立殿堂，呈「回」字型布局，一般用於官建廟宇與大型佛寺建築及書院。

▲ 艋舺龍山寺在日治時期改建為殿堂（大殿獨立）式格局。

◀ 殿堂式格局又稱大殿獨立式，是最尊貴的格局，早年多見於孔廟建築（彰化孔廟）。

　　殿堂式廟宇建築主要是模仿中國古代的傳統「宮殿式」建築格局，通常為三殿式建築格局，且其面積、規模比起街屋式與合院式建築也都要來得大，是台灣傳統較為考究的廟宇最常見的建築形式。由於前後殿與兩護室（迴廊）圍繞主殿而建，因此使主殿更顯得雄偉突出，如台北、彰化與台南的孔廟，台北保安宮、鹿港龍山寺等，都是

北港朝天宮的格局為五門、四進、六殿、七院，是台灣建築群最大的媽祖廟。

屬於南方風格的殿堂式建築。清末以後也有許多台灣民間廟宇修建時將原來的合院式建築加以改建成殿堂式建築，而增加了不少廟宇格局上的氣勢，如艋舺龍山寺，但也有一些改為殿堂式格局的合院式廟宇，由於原本的中庭不夠寬敞，導致改建之後使得正殿與兩廂、前後殿之間顯得擁擠，失去了正殿獨立後應有的堂皇之空間感受，如三峽長福巖、鹿港天后宮。

樓閣式

　　台灣二戰結束以後，隨著民間經濟力量的提升，許多傳統廟宇紛紛被加以重建，尤其是在六、七○年代以後，新建廟宇也日漸增加。但一方面由於都市化發展導致理想的、寬闊的建廟地點不易尋獲，加上近代建築素材與建築技術的轉變，為了順應台灣地狹人稠的情形，許多新建的廟宇在格局安排上遂多從高度上發展，混合了樓房式建築

的型式，可稱爲「樓閣式」，而其空間形式也成爲一種多元性的彈性空間。這種混合了現代樓閣式建築格局的廟宇，已很難從上述所列舉的平面類型上加以區分，如高雄市三鳳宮、左營啓明堂、蘆洲湧蓮寺等。

嘉義彌陀寺在1970年代改建爲樓閣式。

蘆洲湧蓮寺近年改建之後亦成爲樓閣式，並將鐘鼓樓建於前殿兩側，成爲近代流行的作法。

將鐘鼓樓見於前殿兩側，是戰後常見的作法（嘉義番路半天巖紫雲寺）。

▲ 將後殿改建為樓閣式是台灣寺廟常見的作法（桃園龍潭南天宮）。

▶ 台北法主公廟因道路拓寬而成為特殊的樓廟，一樓做為巷道進出。

　　近三十年來，台灣樓閣式格局廟宇有日漸增加的趨勢，甚至也有一些原為平面合院格局且具歷史的廟宇，也被改建為樓閣式的現代化建築格局。但儘管在格局上有很大的變化，廟宇格局根據中軸線（分金線）對稱安排的作法都還是被遵守著。

建築單體

　　台灣的廟宇建築，除了單座式、一條龍式等類型，因建築格局較爲簡單談不上組群之外、街屋式、合院式、殿堂式等規模以上的廟宇，其建築組群一般由數座建築單體組合而成，即便是近代爲數眾多的混合式、樓閣式廟宇，雖然遷就空間與高度的安排，使組群格局顯得不若其他廟宇類型清晰，但仍然能在彈性格局中兼顧傳統各殿的功能，而保持在建築中具有各殿區分的型態。這些單體樣式有照牆、山門、前殿、正殿、拜殿、偏殿、後殿、翼殿、護室、鐘鼓樓、戲台、金亭等。

孔廟的照牆名爲「萬仞宮牆」，象徵孔門思想學問之高深（台北大龍峒孔廟）。

照牆常見於寺廟前院以作為
辟邪設施（台南萬福庵）。

照牆

照牆又稱照壁，在中國北方稱為「影壁」或「蕭牆」，一般設置在廟宇大門前方，避免煞氣直接沖入廟宇，是廟宇十分重要的辟邪設施。台灣早年規模較大的廟宇都會設置照牆，其型制一般作有屋頂的單面牆身，寬度為一開間或三開間不等。面向前方的牆身以蟠龍裝飾或嵌以廟宇名稱，是廟宇建築群中軸線上第一座建築物。照牆最特殊者為各地孔廟的「萬仞宮牆」，意思是孔廟的廟堂並非一般人所能窺見者，除了辟邪之外，也象徵至聖先師孔子聖廟之崇高地位。日治時期殖民政府以市區改正拓寬道路為由，將台灣許多廟宇之照牆予以拆除，破壞了廟宇建築組群的完整性，所幸各地孔廟的照牆多能被保留下來。

山門（牌樓）

山門原為佛寺的大門，原稱「三門」，意思是指包括「空」、「無相」、「無作」的「三解脫門」，後因一般佛寺多建於山中，又稱山門。山門是進入佛寺的第一道門，由此象徵進入佛國世界。而許多道教廟宇以及規模較大的民間信仰廟宇也有山門的設置。山門有時可作門屋式或屋軒型式，前者如獅頭山紫陽門，後者如鹿港龍山寺。在台灣常見者為牌樓型式，如艋舺龍山寺、南鯤鯓代天府、大龍峒保安宮、東港東隆宮等。

南鯤鯓代天府擁有全台規模最大的木造牌樓。

艋舺清水巖近年重建的石柱牌樓。

東港東隆宮1997年落成的大牌樓使用大量金箔裝飾，在陽光照射之下顯得金碧輝煌。

▲ 前殿開三門，屋頂做三川脊形式，是台灣廟宇常見的傳統形式（嘉義新港水仙宮）。

▶ 北港朝天宮寺廟前殿步口廊棟架雕繪工藝精緻。

前殿

　　一般規模不大的廟宇並無山門的設置，而是以「前殿」作為廟宇的大門。前殿在台灣又稱「三川殿」，故大門也稱為「三川門」，三川門通常有三個出入口，按照古例，中門平常並不開放，只有在迎神或神誕等特殊的日子才會開放，且一般信徒也禁止由中門進出，但現在除了少數廟宇之外，已較少再遵守古例。此外也有許多主神神格較高的廟宇，如供奉觀音菩薩、媽祖的廟宇，前殿則開了五個出入

大龍峒保安宮前殿作五開間規模，以突顯保生大帝神格之崇高。

寺廟前殿步口常作精緻的藻井裝飾（台北關渡宮）。

台灣寺廟前殿通常作為拜殿或戲台而不供奉神祇（艋舺龍山寺）。

鹿港龍山寺在前殿之後加建一座華麗戲台。

口，稱為「五門」，故前殿也稱「五門殿」。前殿在一般台灣廟宇中通常作為門殿之用而不奉祀神明，也有兼作戲台，如鹿港天后宮；或作為拜殿用途者，如三峽祖師廟、大龍峒保安宮。但在大型佛寺中，通常皆設有山門作為大門，故前殿有時也用來作為供奉天王的「天王殿」，以守護寺廟，如台南開元寺、法華寺等。

正殿

　　是廟宇供奉主神的主要祭祀空間，通常是廟宇組群中最大、最高的一座建築物，尤其是傳統殿堂式格局廟宇的正殿，常建於一定高度台基之上，並在四周作成迴廊，使得殿堂看起來分外的雄偉，也經常會在前方設置一座露天的「月台」作為特別的祭祀用空間，如台北、彰化、台南的孔廟，以及艋舺龍山寺、台北保安宮即是佳例。正殿也是廟宇中最精華、最重要的祭祀空間，通常布置得莊嚴肅穆，在神龕周圍也禁止信眾進入，以示對神明的崇敬，許多重要的文物如匾聯、籤詩等，也多陳設在正殿中。

拜殿、拜亭

　　拜殿與拜亭是為了祭祀的方便而加蓋的，拜亭與拜殿的差異是只有屋頂與樑柱而沒有牆壁，為中介性質空間，在北方又稱為「軒」。廟宇中拜殿通常只有一座，在正殿前緊接正殿（如鹿港龍山寺）或隔一小中庭而設（如台南大天后宮），專供信徒祭祀拜神用，故稱拜

台南孔廟大成殿為獨立大殿式，前方設有月台以舉行祭典。

寺廟正殿除了神像之外又常見重要的匾額文物（新竹都城隍廟）。

殿。一般廟宇中祭拜天公的「天公爐」也陳設在此，但也有多設一座的，在前殿後隔著中庭與正殿前拜殿相對，稱為「初拜殿」，而正殿前的拜殿就稱為「再拜殿」，如台南祀典武廟即是。

後殿

位於正殿後方，廟宇中的「同祀神」或「配偶神」通常都供奉在此，也有作為供奉玉皇上帝的凌霄寶殿者，或是作為供信徒「問事」的場所，一般而言供奉在後殿的神明雖然有時神格高於主神，如觀音廟中後殿供奉三寶佛；王爺廟或媽祖廟中後殿供奉玉皇上帝等，但在廟宇建築群中的重要性則較低於正殿。傳統廟宇的後殿與前殿在規模與高度上不如正殿，但近代也有將後殿建得比正殿高出許多者，但通

台北孔廟祭孔大典。

宜蘭頭城喚醒堂拜亭形式簡潔優美。

在正殿前設拜殿（亭）是寺廟常見的作法。
（大溪蓮座山觀音寺）

常是在作爲供奉玉皇大帝的凌霄寶殿時，方不違反一般民間信仰的認知，如鹿港天后宮、東港東隆宮等。規模較大的廟宇在後殿之後也有再增建後廂，作爲祀神或僧侶修行之地者，如台南開元寺的南山堂、北港朝天宮的聖父母殿。

近代台灣廟宇多在後殿供奉至上神玉皇上帝，故將後殿建成高於正殿的樓閣式建築（台北關渡宮）。

艋舺龍山寺後殿同祀天上聖母。

台南祀典武廟後殿為三代廳，供奉關聖帝君之先祖。

翼殿

　　廟宇建築群中，位於中軸線之外，其他橫向的殿堂稱為「翼殿」，如一條龍式廟宇中間的明間作為正殿供奉主祀神，而兩旁的次間與稍間則作為翼殿，用來供奉其他的同祀神。而在合院式與殿堂式格局的廟宇中，翼殿通常位於正殿或後殿的兩側，作為供奉同祀神或其他祭祀事務處理空間。

護室

　　護室在北方式建築中稱為「廂房」，在孔廟中稱「廡」，在民宅則稱「護龍」。護室位於廟宇的左右兩側作縱向而屋身面對中軸線，通常作為神職人員辦公的地點，或是供奉「同祀神」、「從祀神」的所在。也有用來供作招待來賓的「會館」之用，如淡水鄞山寺的護室原作「汀州會館」，接待汀州鄉親住宿聚會之用。另外在許多正面寬度不夠的廟宇中，護室部分則作成只有屋頂與柱子的迴廊，如鹿港龍山寺、淡水龍山寺。或是省略了迴廊而僅在牆頭置以屋頂，作成四合院護室的感覺，如鹿港興安宮。

鐘鼓樓

　　鐘鼓原為佛寺用來早晚報時以作為僧侶作息之依據，故有「晨鐘

大龍峒保安宮將鐘鼓樓建於兩側護龍之上，左側之鐘樓題額「鯨發」。

廟宇護室多做為供奉同祀神之場所或信眾服務處（台南市西華堂）。

台北保安宮右護室上層鼓樓題額「鼉逢」。

暮鼓」之說，在民間信仰廟宇中，鐘鼓則用在迎送友廟神明時，敲擂助威之用。清領時期台灣寺廟通常在殿堂兩側或兩旁的迴廊之下懸掛鐘鼓，日治時期以後則開始有鐘鼓樓之建立，通常建於前殿與正殿之間的兩側，左鐘右鼓。傳統廟宇的鐘鼓樓通常在高度與規模上較小，近代有將鐘鼓樓建得特別高聳，突出於正殿之上，如新港奉天宮。甚至將鐘鼓樓移至正面與前殿並列，而成為相當特殊的格局，如學甲慈濟宮、蘆洲湧蓮寺。

戲台

　　戲台的設置專供酬神時搬演曲樂戲劇之用，通常規模較大的廟宇才有固定的戲台建築，否則只在需要演戲時才臨時在廟宇前方面對正殿搭建，戲曲搬演完畢即拆除。廟宇中固定的戲台早期通常設置於三川殿後，與正殿隔著中庭相對，如鹿港龍山寺。也有不另設置而以前殿大門後的空間為戲台的，如鹿港天后宮。晚近的戲台則設置於廟宇門前空地上，隔前埕與正殿相對。

傳統藝術中心文昌祠前設戲台面對三川殿。

新莊地藏庵戲台在大眾爺聖誕期間上演歌仔戲。

新北市林口竹林山觀音寺金亭。

書院祠的金亭又名為「惜字亭」，代表尊重文字的優良傳統（南投市藍田書院）。

金亭

通常設於廟宇左右的一側，用來供信徒燒金紙之用，是信眾祭祀行為的最後一站。也有專供燃燒在街上拾回的「字紙」，稱之為「惜字亭」或「聖蹟亭」，台灣各地的文昌祠、書院多會設置惜字亭，鹿港龍山寺前庭右側亦有一座百年以上的惜字亭。

附屬設施

廟宇除祭祀空間主體之外，也有常見的附屬設施，例如：長壽俱樂部、活動中心、藝廊（文物館）、香客大樓、圖書館等，大多是因應現代社區的休憩需求才出現的，如鹿港天后宮建有香客大樓，台北行天宮、保安宮建有圖書館。早期台灣廟宇並未設置獨立的休憩設施，因為廟宇即是傳統聚落最主要的公共空間，幾乎關係民眾的公共事務與活動都是在廟宇中進行。工業社會興起之後，為了順應時代的需要，同時為了回饋地方，才有如上的附屬設施，讓廟宇重新成為社區生活中心。

Chapter 7

台灣的廟會祭儀

　　廟宇是台灣傳統宗教信仰的核心所在，除了廟宇本身靜態的祭祀對象、祭祀空間、宗教信仰文物之外。以廟宇為中心所發展出的動態活動、慶典及習俗等，更是台灣傳統宗教信仰文化中的重要成分。在台灣傳統漢人社會諸多動態文化中，這類通稱為「廟會」的信仰慶典活動，往往動員最多、層面最廣，尤其是以主神神誕為主的年度例祭慶典活動，堪稱為傳統村落的「嘉年華會」。而許多歷史悠久、較具特色的廟會活動，更衍生為吸引眾多觀光客的著名民俗活動。因此，觀察傳統的神誕、廟會、陣頭、習俗等活動，當可瞭解傳統民間社會的宗教信仰意涵與民間文化中豐沛的生命力。

　　廟會是以廟宇為中心，以祭祀神祇為主體的公共性宗教信仰活動。台灣廟會的內容，若以舉行的時間來區分，有定期性廟會與不定期性廟會。定期性廟會一般以結合歲時節慶與神明聖誕舉辦之祭祀、迎神活動，以及廟宇為信眾舉行的例行性之祭祀、祈福活動。不定期性廟會舉行的時間則不一定，通常在廟宇或聚落有特殊需求時，如廟宇慶成、入火安座，以及為聚落信眾消災祈福所舉辦之法會、遶境活動等。其次若就廟會的性

質來説，主要有依據傳統宗教功能的祈福、解厄、超度等所舉辦者；結合現代文化活動而使廟會活動兼具現代教育、休閒等社會、藝術功能的現代化廟會活動。再者，若依照廟會的類型來加以區分，主要有祭拜、迎神、儀式等三大類。

　　廟會以祭祀神祇為主，為了遂行祭祀神祇並為信眾消災祈福，在廟會活動中，通常以祭典儀式的舉行為中心。為了祭典儀式的進行，廟宇會委託專業的宗教執事人員作為中介者來司祭，諸如道士、法師、禮生等，並準備品類豐富、數量眾多的祭祀用具、供品等，以表現信眾對於神祇的虔敬。此外，為了營造廟會的歡慶氣氛，常有許多迎神遶境與陣頭、演戲等表演活動，以達到娛神、娛人的目的。隨著人潮的聚集，廟會活動中往往也在廟宇周遭形成臨時的市集，也帶動了經濟活動的熱絡與貨物的流暢。根據這些相關的內容，將廟會活動的結構圖示如下：

市集

迎神活動

祭司、與祭者

神祇
祭儀

祭具、供品

陣頭、演戲

藝文活動

神誕

　　「神誕」指神明的生日與成道紀念日。神誕日往往是一個傳統台灣漢人村落年度中最重要的日子，幾乎所有的活動都以此為主，尤其是在農閒時期的神誕日，相關活動更是盛大，其重要性甚至超越了「年節」的地位。

神誕表

　　台灣傳統宗教信仰所崇奉的神明很多，因此幾乎一年到頭都有神明的生日，甚至融入了台灣民間傳承的歲時之中，成為日常生活外非常性活動的重要部分。台灣傳統宗教信仰的神明，一般可概略分為全國性神明與地方性神明（鄉土神）兩大類，其主要的神誕日如下：

廟會是傳統漢人社會中的「嘉年華會」（台南市西港香宋江陣表演）。

正月	初一	元始天尊聖誕
	初六	清水祖師佛誕
	初八	閻羅天子聖誕
	初九	玉皇上帝萬壽
	十三	關聖帝君飛升
	十五	天官大帝聖誕、臨水夫人千秋、門神千秋
	十六	楊府元帥聖誕
二月	初一	一殿秦廣王聖誕
	初二	福德正神千秋、濟公禪師聖誕
	初三	文昌帝君聖誕
	初八	三殿宋帝王聖誕
	十五	太上老君聖誕、岳武穆王聖誕、九天玄女千秋
	十六	開漳聖王聖誕
	十九	觀世音菩薩聖誕
	廿一	普賢菩薩聖誕
	廿二	廣澤尊王聖誕
	廿五	三山國王大王(巾山)千秋
三月	初一	二殿楚江王聖誕
	初三	玄天上帝聖誕
	初八	六殿卞城王聖誕
	十五	保生大帝聖誕、玄壇元帥聖誕
	十九	太陽星君聖誕
	二十	註生娘娘聖誕
	廿三	天上聖母聖誕
	廿六	鬼谷先師聖誕
	廿八	東嶽大帝聖誕、倉頡先師聖誕

四月	初一	八殿都市王聖誕
	初四	文殊菩薩佛誕
	初八	釋迦牟尼佛佛誕、九殿平等王聖誕
	十四	孚佑帝君聖誕
	十五	蘇府王爺聖誕
	十七	十殿轉輪王聖誕
	十八	北極紫微大帝聖誕
	廿一	托塔天王千秋
	廿五	武安尊王千秋
	廿六	神農大帝聖誕、李府王爺千秋
五月	初一	南極長生大帝聖誕
	初七	巧聖仙師聖誕
	十一	天下都城隍聖誕
	十三	關平太子聖誕
	十四	霞海城隍聖誕
	十七	蕭太傅聖誕
	十八	張府天師聖誕
六月	初三	韋馱尊者聖誕
	初六	虎爺聖誕
	初八	輔信王公聖誕
	十一	田都元帥千秋
	十二	莫府千歲千秋
	十三	觀世音菩薩成道日
	十五	豁落靈官王天君千秋
	十六	王天君聖誕
	十八	池府千歲聖誕
	廿四	關聖帝君聖誕、五雷元帥聖誕、西秦王爺千秋
	廿五	三山國王二王(明山)千秋

月	日	神明
七月	初七	七娘媽生、魁星夫子聖誕
	十五	地官大帝聖誕
	十八	瑤池金母聖誕
	十九	太歲星君（殷郊）千秋
	廿一	普庵祖師聖誕
	廿三	諸葛武侯聖誕、法主公千秋
	廿四	延平郡王千秋
	廿五	齊天大聖聖誕
八月	初一	靈寶天尊聖誕
	初三	司命灶君聖誕、北斗星君聖誕
	十五	福德正神聖誕、太陰娘娘聖誕、月下老人聖誕、朱府王爺千秋
	十八	九府仙師千秋
	廿二	廣澤尊王升天
	廿三	伏魔副將張飛聖誕
	廿七	大成至聖先師聖誕
九月	初一	南斗星君聖誕
	初九	斗姥元君聖誕、中壇元帥聖誕、酆都大帝聖誕、天上聖母飛升、玄天上帝得道

月	日	神明
九月	十三	孟婆尊神千秋
	十五	吳府千歲千秋
	十九	觀世音菩薩出家日
	廿五	三山國王三王（獨山）千秋
	廿八	五顯大帝千秋
	廿九	藥師佛聖誕
十月	十二	齊天大聖聖誕
	十五	水官大帝聖誕
	十八	地母娘娘千秋
	廿二	靈安尊王千秋
	廿七	北極紫微大帝降
十一月	初六	西嶽大帝聖誕、三平祖師得道日
	十一	太乙救苦天尊聖誕
	十五	古公三王聖誕
	十七	阿彌陀佛聖誕
	廿三	張仙大帝聖誕
	廿六	謝府元帥（謝玄）聖誕
十二月	初六	普庵祖師聖誕
	十六	福德正神千秋

神明生

神明是宗教祭祀的對象，也是廟宇祭祀的主體，因此其重要性是不言而喻的。在傳統民間宗教信仰文化中，神明的地位雖然極其崇高，但形象和藹可親，不像西方宗教神地位高不可攀，與信徒之間的界線嚴明。如民間暱稱天上聖母為「媽祖婆」、觀世音菩薩為「觀音媽」、保生大帝為「大道公」等。這種與人可親形象的感受，尤其在神明「過生日」中最為明顯。

台北地區暗訪活動的陣頭以范、謝將軍為主（台北霞海城隍暗訪）。

各類陣頭賣力之演出成為廟會活動最吸引人之處（東港迎王平安祭典遶境）。

在諸多傳統民間社會中，神明在信徒心中的地位，與其說是生命的主宰，不如說是庇佑信眾而受人敬重的大家長來得貼切。因此在神明生日時給神明祝壽，便緣於這種情懷，尤其是對於具有守護神性質的神明之祝壽活動，更是隆重非凡。

在「神明生」前後，地方上的信眾即興高采烈的舉行各種活動，來給神明祝壽，甚至動員整個村落，並吸引鄰近地區的民眾前來看熱鬧、吃拜拜，成為地方上受矚目的民俗節慶活動，如三峽「長福巖」每年陰曆正月初六的「清水祖師聖誕慶典活動」，甚至比過年還熱鬧，即是最好的例子。

千秋聖誕

在台灣漢人傳統宗教信仰中，以神明本身為主的日子中，最重要的除了「神明生」之外，還有每年的「千秋日」。傳統宗教認為，千秋日是神明「成神」的日子，即「成道日」。民間相信，每位神明在成神之前，都會經過一段時日的「修行」過程，在修行達到一定境界之後，方能正道成神。因此神明的成道日亦即神明作為「神」的誕生日，便成為信眾心目中另一個「聖誕日」，在部分地方更將千秋日看得比神明生還重要。因此在神明每年的千秋日中，除了舉行固定的法

觀音佛祖聖誕時，信徒搓湯圓供信眾吃食平安（彰化市開化寺）。

神明聖誕期間信眾獻戲，歌仔劇團扮仙祝壽（新莊地藏庵）。

新北市三重先嗇宮每年在神農大帝聖誕期間舉行祈安禮斗法會。

事之外，也都要大肆慶祝一番。唯近年來，民間也有將神明生與千秋日混合為一的，於是便出現了神明每年有兩個生日的現象，如福德正神（土地公）的生日有二月初二與八月十五，即是最佳的例子（八月十五原為其千秋日）。

香期

　　台灣的廟宇在主神的神誕期間，地方信眾與分靈廟宇都會前來向神明上香，一方面表達祝壽之意，另一方面則定期性分享主神的靈力，這種集中在神誕期間的進香行為，民間稱為「香期」。香期的規

模大小通常隨著主神信仰的興盛而定，一般信眾分布較廣、分靈廟宇較多、建廟歷史較悠久的神明，其香期的規模也較為可觀。在台灣地區最著名的香期為媽祖香期，從陰曆的新正到四月間，全台各地主要媽祖廟都有進香活動，是台灣為期最久的香期，較著名者如大甲鎮瀾宮往新港進香、通霄白沙屯拱天宮往北港進香，都吸引大量信眾隨香，而北港朝天宮、鹿港天后宮、台南鹿耳門等媽祖廟，每年在媽祖聖誕前後也湧進上萬名香客。

其次為五府王爺香期，代表廟宇為台南北門南鯤鯓代天府，其香期有四：四月廿六、廿七李、范王爺聖誕，六月十八池王爺聖誕，八月十五朱王爺聖誕，九月十五吳王爺聖誕。而各地著名王爺廟所舉行的迎王祭典也經常吸引眾多香客，如三年一科屏東東港東隆宮陰曆九月下旬的平安祭典、台南西港慶安宮陰曆四月中旬的王醮刈香等。正月十三、五月十三及六月廿四的關聖帝君香期，著名廟宇如宜蘭礁溪協天宮、鹽水武廟、花蓮玉里協天宮等，其中鹽水武廟在元宵夜遶境形成著名的「鹽水蜂炮」。三月初三玄天上帝香期，南投松柏坑受天宮、台南玉井玄天上帝廟香客最多。其他如三月十五日保生大帝香期，較為重要的廟宇為台南學甲慈濟宮、台北大龍峒保安宮。而全台各地的土地公廟則在二月初二、八月十五的千秋聖誕日都湧進祭拜人潮，形成土地公香期。

信眾在神祇聖誕期間敬獻各式以壽桃、壽麵製成的壽塔，向神祇恭祝聖壽（鹿港龍山寺）。

三峽祖師廟每年在陰曆正月初六日清水祖師聖誕時舉行牲豚競賽，每每造成萬人空巷的熱鬧場面。

進香遶境

廟會是以廟宇或主神爲主，所舉行的各種具有宗教信仰意義活動的總稱，這些活動除了神誕祝壽之外，有進香、出巡、遶境等，是廟宇年例性的活動，具有凝聚、整合聚落內信眾的功能，此即「以社會民」之酬神賽社的「社會」意義。

進香

進香是台灣傳統宗教信仰中最常見的活動。「進香」一詞的原意只是到廟宇拈香禮拜神佛，但在台灣漢人社會中，則包括了個人對神明的「刈香」，與神明對神明的「掬火」兩層意涵，都具有「乞求香火」的意義。而現代民間通稱的進香，則成爲一種個人跟隨神明出境，與其他

南投名間松柏嶺受天宮香火鼎盛，三月初三玄帝聖誕前夕進香隊伍不絕，已成為台灣著名的玄天上帝香期。

鹿港天后宮在天上聖母神誕前夕友廟紛紛前來進香。

廟宇神明「交陪」（交往）活動的總稱，爲一種「廣義」的稱呼，其
中又可分爲：狹義的進香、刈香、掬火（刈火、割火）、參香等不同
意義的活動行爲。

　　台灣漢人社會進香活動的蓬勃，與早期移民文化有緊密的關連。
移民之初，先民們必須克服旅途的艱難，回到祖籍地廟宇進香謁祖。
在台灣安居落戶之後，也隨著島內的遷徙行爲，各地廟宇對其在台的
「開基祖廟」，進行同樣形式的進香，因爲主神的不同而有各種「香
期」，這種進香活動尤其以每年陰曆三月各地的媽祖進香最爲盛大，
正如俗諺所說——「三月痟（ㄒㄧㄠ）媽祖」。

1 進香（狹義）

　　狹義的進香原指在主神神誕之前，分靈廟回到祖廟（元廟）向
主神祝壽，藉以重新增加靈力的活動過程，對信眾而言則是一種「朝
聖」的行爲。「香火」是傳統神靈信仰較中心的重要觀念，也是薪傳
的表徵。對神明而言，進香的主要目的是掬火，對信眾而言，進香則
是爲了「刈香」（割香），藉著對祖廟的分香行爲，而獲得神明更大
的庇佑。昔時台灣許多分靈自閩、粵地區的廟宇多盡可能回到祖廟進
香，近代由於政治阻隔因素，也有轉向靈力較高之廟宇的神明乞求香
火的行爲。

台南地區稱神祇遶境為「刈香」，三年一科代天巡狩王爺遶境蔚為地方盛事（蜈蚣陣圈廟）。

❷ 刈香

　　刈香（割香）通常指信眾隨著地方神明，對祖廟的神明乞求香火來祭拜，以獲得神明靈力與庇佑的行為，又稱為「隨香」。隨香者有團體與個人，隨香的個人稱為「香燈腳」。早期的刈香由於交通不發達，對信眾而言是一種艱苦且神聖的「朝聖」活動，但也是信眾表達對神明最高崇敬的方式。刈香行為的完成並無固定的模式，通常以「換香」與「香旗過爐」為代表。此外，少數廟宇的香期由於參加的團體眾多而必須區分優先秩序，因此有所謂頭香、貳香、參香之分，所爭取的即是「接香」或「插香」的優先權力，在早期甚至演變成公開的「搶香」行為，原因是民間相信，當神明進香返回之後，優先接香者能獲得較大靈力之故。

3 掬火

「香火」即是一種薪傳的象徵，尤其對廟宇的神明而言，「火」的意義尤其重大。因此各地的廟宇每年都必須向其祖廟「請火」，以象徵其不斷分得祖神靈力的印證，這種神明向其祖靈請火的行為，稱為「掬火」或「刈火」。掬火必須經過一定的「交香」過程，通常以象徵兩位神明的香爐前後並置，透過爐中檀香燃燒升起後的交會而完成，然後將香爐置入香擔中並貼上封條，其儀式具有相當濃厚的神聖性，一般信眾是不能任意接近的。

4 參香

台灣民間宗教信仰在日益蓬勃之後，許多廟宇為了擴大其信仰圈範圍，除了主動參與民間與政府舉辦的活動之外，更加強與友廟之間的聯繫。為了增進「交陪廟」彼此之間的情分，因此有神明相互交流的行為，稱為「參香」。彼此參香的通常是地位平等的廟宇，有時是彼此之間沒有主從關係的同一神明，有時是神格相等的神明之間的往來行為。

分靈廟至祖廟進香，進行交香儀式準備掬火（台北霞海城隍廟）。

分靈廟至祖廟進香，在掬火後將香爐封於香擔中請回（北港朝天宮）。

進香遶境時信眾在門前設置香案迎神祈福（新北市新莊大眾爺遶境）。

台灣廟宇通常在主神聖誕期間舉行遶境活動（台北市大龍峒迎保生大帝）。

遶境活動以主神之神駕為押陣隊伍（台北霞海城隍遶境）。

遶境

　　遶境又稱「繞境」，是指神明對外出巡遶「轄境」的行為，又稱為「遊境」或「巡庄」、「運庄」、「云庄」等，是民間所稱的迎神賽會。遶境通常在「神明生」前後舉行，有時是進香返回轄境之後舉行，稱為「進香回鑾遶境」。在遶境中透過神明對其轄境作較為詳細的巡視，除了具有宣揚神威與驅除境內邪祟等功能之外，也接受沿途信眾的膜拜，藉著「換香腳」的行為，將神明的靈力分予信眾，並為信眾祈福，其規模大小與時間長短則視各地情況而定。各地方的神明遶境經常成為地方上的信仰活動，也是民間對於廟會活動的主要印象。而台灣一些盛大的神明遶境活動，由於有許多藝陣參與遶境隊伍展現技藝，因此也成為民間重要的休憩活動。

出巡

　　出巡在時機與功能上與一般的遶境有所不同，出巡通常是指神明外出在轄境各定點停駐，接受信眾的請求「辦事」或「問事」，出巡

的範圍也不限於轄境之內。在時機上有時是定期舉行的，有時則因爲地方上「不平靜」而外出巡視，具有驅逐邪祟、保境安民的功能，因此需要的時間往往較長。大多數廟宇因爲神明出巡時的人力物力所費不貲，故並非定期舉行。

暗訪

　　暗訪又稱夜巡，是指神明的夜間出巡，通常只有主神爲城隍爺或王爺，且領有官將兵馬，具有變理陰陽職司的神明廟宇，才有暗訪的舉行，如台北市大稻埕每年陰曆五月的霞海城隍暗訪、艋舺每年陰曆十月的青山王暗訪、新北市新莊每年陰曆四月底的大眾爺暗訪、鹿港各王爺廟的暗訪、南投市每年六月的城隍暗訪等。暗訪通常在入夜後舉行，由於具有明顯驅逐邪祟的作用，其活動帶有相當濃厚的宗教儀式上之神煞性質，因此排場隊伍不如出巡或遶境時盛大熱鬧。早期當地方神明舉行暗訪時，通常各家大人們都會禁止孩童觀看，必定催促早早就寢。但近年的暗訪活動，或參加地方上的民俗才藝活動，如鹿港地區；或成爲地方有名的民俗盛會，如艋舺青山王暗訪、淡水清水祖師暗訪等，已逐漸失去典型的神祕性質。

台北霞海城隍在聖誕前夕舉行暗訪，駕前八將領令出發。

每年陰曆十月廿、廿一日艋舺青山王暗訪活動是艋舺一大宗教盛會。

法會祭典

　　民間的祭典類別，從舉行的時間來看，可分為定期性常態祭典和非定期性的非常態祭典兩種。年例舉行的是由各廟依歲時及所奉神明的「神誕行事表」依序進行，如年頭的「禮斗法會」，或慶賀千秋聖誕的「神明生」、「進香」等活動，由於每間廟的規模不同而排出疏密不等的行事，構成與社區、信眾間的聯繫關係，是為聚落內或團體中的信仰活動，為年期內的定期性循環，故又稱為「年例」。其次如台灣南部三年一科的王醮，雖非年例卻定期舉行，故社區及廟內也都能遵循一定的程序，動員組織以推動祭典行事。非定期性的則如建醮，乃因廟宇改建或翻修慶成，或地頭方有重大事件，始出錢出力地隆重舉行，故規模特大，花費較多，乃是聚落內或醮區信眾特別鄭重參與的宗教活動，也常隨著不同時期的社會、經濟活動，

王船是王醮中最明顯之象徵（台南西港壬辰科王船）。

建醮活動為廟宇盛事,多聘請道士主持科儀,信眾臨壇隨拜。

慶成醮為慶祝廟宇落成所舉行,台灣北部與中部山區慶成醮以「安龍」科儀為表徵,象徵將土地龍神加以重新安頓以固廟基。

而展現其不同的社會力。不管是定期性或非定期性,規模或大或小,其祭典行事常是決定並維續民間演藝活動的關鍵:諸如野台戲、陣頭、民俗音樂及相關的廟宇裝飾、糊紙等,幾乎都與祭典行事密切結合。

建醮

醮典為傳統道教的主要儀式祭典,是指民間為了許願祈神或還願酬神,設置道場並聘請道士所主持的一種道教儀式,時間延續一天以上之隆重的公共祭典,俗稱「做醮」,其目的主要為地方信眾祈福,是地方上的一大盛事。常見的類型為「平安醮」、「福醮」、「慶成醮」、「王醮」等。平安醮以聚落為主要對象,是一種定期性的地方祈福活動,如蘆洲地區三年一次的平安醮。而慶成醮與福醮則是以廟宇為中心,前者目的為慶祝廟宇建築新建或重建落成,後者在台灣南部地區稱為「清醮」,其目的則是地方公廟為信眾祈福所舉行,但廟

慶成醮在安龍科儀中道士為米龍開光。

歸仁大人廟丁酉科王醮末日王船張帆待發。

醮典、法會在普度前一天放水燈，以指引水面孤魂前來接受施食（台北市大稻埕慈聖宮圓醮）。

宇舉行慶成醮時習慣合併舉行福醮，稱為「慶成福醮」。至於台灣南部地區盛行以驅瘟逐疫為主的「王醮」（瘟醮），在台灣北部則十分罕見。

醮典的規模通常以其舉行的天數來計算，舉行的天數以奇數（陽數）為原則，時間為一畫夜者稱為「一朝」，其次為「三朝」、「五朝」、「七朝」等，甚至有為期七七四十九天的「羅天大醮」。一朝醮典與三朝、五朝醮典較為常見，七朝以上則因耗費人力、物力、財力甚鉅，在台灣並不多見。台灣醮典的儀式內容相當複雜，準備工作繁多，主要的儀式內容為：「豎燈篙」、「發表請神」、「獻供」、「解罪祈福」、「誦經拜懺」、「朝真禮聖」、「放水燈」、「普度

施食」、「入醮謝神」等，其中放水燈的活動在台灣北部地區頗受重視，多採遊行遶境方式舉行，除了手捧水燈頭的信眾隊伍之外，還會有許多遊藝陣頭參與其中，呈現與神明出巡時相同的熱鬧景象。

外壇通常位於廟宇周境，是醮典主要的標誌（新北市蘆洲湧蓮寺慶成圓醮）。

豎燈篙標誌著醮典之開始，新北市三重區義天宮丙戌年祈安清醮祀旗。

醮典、法會末日必舉行普度，以達幽陽同濟的目標（南投市三玄宮丙申年祈安福醮）。

醮典普度盛大的普度筵，目的在賑濟各類孤魂（嘉義新港奉天宮）。

而台南府城宮廟在建醮時多有迎、送天師遶境之俗，也成爲府城重要的不定期廟會。除了複雜的儀式之外，建醮時習慣上還需搭設醮壇與製作各項紙糊條目、懸掛醮燈、醮綵等，將以廟宇爲中心的聚落空間營造出一種節慶式的歡樂氣氛。近代由於台灣經濟條件的提升，民間在醮典的舉行時也相對投入更多的財力、物力，充分展現民間所蘊含的豐厚活力。

法會

法會的形式、內容通常比醮典簡單，但其目的則較爲明顯。台灣民間法會活動十分盛行，根據舉行的目的主要有祈福性與超度性兩種，前者如禮斗法會、制解法會等，後者如陰曆七月的中元普度、佛教盛行的梁皇法會、水陸法會等。

禮斗法會中精緻的大型斗燈（台北天師宮春季禮斗）。

中元節是道教地官大帝之聖誕日，故在普度之前祭祀地官祈求赦罪，名為慶讚中元（新竹市東寧宮）。

禮斗法會是台灣最盛行的祈福法會類型，在法會中信眾供奉斗燈祈求闔家元辰煥彩（松山霞海城隍廟）。

新春期間信眾到廟宇請道士舉行制解，以祈求一年之平安（台北府城城隍廟）。

制解儀式中以生三牲祭祀五鬼、白虎、天狗等關煞。

過七星橋是盛行於台灣南部地區的制解儀式。

　　台灣民間常見的祈福法會以禮斗法會為主，通常分為春秋二季定期舉行，春季禮斗法會多在陰曆新年期間到三月間舉行，而秋季禮斗法會則集中於陰曆九月，也常有在主神聖誕時舉行者。法會由地方的廟宇主辦，開放給民眾登記參加，舉行的時間為三天以上到九天、

十五天不等。禮斗法會的儀式內容以禮拜「南、北斗」為主，廟宇為民眾在廟壇中準備「斗燈座」，點燈以禮拜南北斗星君。南、北斗原為古代的一種星辰信仰，在漢人社會中歷史悠久，民間相信「南斗注生、北斗注死」，故禮拜南斗以祈求延壽，禮拜北斗以祈求解厄。

個人性的祈福行為，在漢人社會中較之公眾性的祈福活動更為普遍，主要的項目如安太歲、點光明燈、改運等。這些祈福行為多配合年節舉行，如安太歲、點光明燈集中於新年期間，改運（補運）集中在新春期間與陰曆六月（六月初六、半年節），近代則遍布於陰曆七月之外的各月分，並以新春期間為高峰。個人祈福一般多到居所附近的廟宇進行，由住廟道士或法師為信眾讀疏、誦經，以改善信眾全年的運氣，而信眾改運祈福所奉獻的香油金，除了支付神職人員的酬勞之外，也是廟宇常態性的主要收入之一。台灣北部地區也有個人特別延請道士、法師到住宅進行改運儀式者，稱為「大補運」，俗稱「做獅」，但由於所需花費甚鉅，故較少見到。

超度性法會以每年的中元普度最受矚目（基隆己卯年中元祭普施化食）。

基隆中元祭每年在中元節前夕舉行盛大的放水燈遊行。

▲ 新竹新埔義民廟每年在陰曆七月廿日大普度，並舉行
　神豬競賽。

▶ 「扑城」通常為信眾個人舉行之法事，目的在超度已
　故先人，法事中法師最後以七星劍打破枉死城，象徵
　將亡魂接引出來（台南市東嶽殿）。

　　超度性的法會在台灣以每年陰曆七月時，各地舉行的「中元普
度」最為普遍。陰曆七月十五日為傳統漢民族「三元」之一的中元
節，是三官大帝之一的「地官大帝」誕辰，在道教信仰中，這一天也
是地官下降考校人間禍福的日子，從唐代以來，漢人族群都會在是日
延請道士誦經為已故先人及無主孤魂舉行超度，並為家人植福，由

於帶有爲地官大帝祝壽的目的，故民間習慣說「慶讚中元」。陰曆七月十五日也是佛教舉行「盂蘭盆會」的日子，根據佛教傳統，陰曆七月是僧侶「結夏安居」期滿的時間，故佛教徒會在此時舉行供養僧侶的「齋僧」儀式，而僧侶則爲信徒誦經祈福並超度七世父母。「盂蘭盆」爲梵語的音譯，其原義爲「在缽中放置供品施供祖先，以解救祖先免除地獄倒懸之苦」，民間則以「目連救母」的故事，定期以法會來超度先亡父母，並舉行「放焰口」儀式以施食孤魂餓鬼，成爲漢人社會每年歲時節慶中最重要的節日之一。

水陸法會原稱爲「水陸齋儀」，是傳統佛教諸多法會中較常見的一種。水陸法會起源於南北朝時，梁武帝在金山寺所舉行的供養四生六道齋食、普濟群靈的科儀，佛教認爲其功德第一。「水陸」一詞取「諸仙佛致食於流水、鬼致食於淨地」之意。台灣民間的齋教早期遷移來台，也沿襲閩、粵佛教的慣例，每年固定時間會在佛寺道場舉行水陸法會，由禪寺的法師主持，有時則延請佛教比丘主持，普施四生、六道。二戰結束後，中國其他地區的佛教人士抵台，逐漸盛行佛教式的水陸法會、梁皇法會。

雲林口湖每年在陰曆六月初八日舉行牽水轒法會以超度清代死於洪水的先人。

佛教在陰曆七月十五日當天舉行「盂蘭盆會」以超薦祖先、施食餓鬼（新莊地藏庵）。

王醮在送王前夕舉行和瘟押煞科儀，目的要將境內瘟神疫鬼請上王船，在送王時由王爺押出境外（屏東小琉球迎王祭典）。

東港王船祭每科建造全台最精緻巨大的王船，送王前一日王船遶境形成全台著名的「陸上行舟」壯觀景象。

迎王祭典

　　迎王祭典又稱「王醮」或「瘟醮」，盛行於台灣西南沿海的鄉鎮地區，其目的原為奉請「瘟神王爺」驅除瘟疫以祈求地方平安，一般每三年或六年、十二年舉行一次，所迎請的王爺以「五府千歲」或「十二瘟王」為主，民間尊稱為「代天巡狩」。由於舉行王醮時傳統上皆需建造一艘「王船」供王爺乘坐，裝飾華麗的王船往往成為祭典中民眾所矚目的焦點，故民間多習慣稱之為「王船祭典」。台灣的迎王祭典以台南縣的西港鄉與屏東縣的東港鎮最著名，有「南東港、北西港」之稱。西港的迎王祭典由於在祭典期間舉行醮典，被視為典型的「王醮」，而東港的迎王祭典在傳統上並未舉行具備醮典規模的科儀，故習慣稱為「平安祭典」或「迎王祭典」。

　　傳統的王醮在末日送王爺時需將王船放流水上或火化，以祈請王爺將境內的瘟疫、邪祟一併押走，前者稱為「遊地河」，後者稱為「遊天河」。台灣西南海岸與澎湖群島許多著名的王爺廟（或地方大廟）常有舉行王醮習俗的地方，昔日多有接獲由福建、澎湖所放流王

▲ 蘇厝長興宮王醮送王遊天河場面。
◀ 屏東小琉球2009年己丑科平安祭典送王遊天河場面。

船的紀錄。在傳統習俗中，接到別處放流水面的王船時需舉行祭典並為王船「添載」或重新建造王船，加上日治之前台灣南部的環境衛生較差，人們極希望藉由舉行迎王祭典來驅除瘟疫，就將迎王祭典傳承下來。「遊地河」的送王方式，由於容易造成瘟疫的散布以及增添海上船隻的麻煩，在日治時期即逐漸改為火化的「遊天河」方式，尤其是木造王船在火化時的場面十分壯觀，往往吸引眾多民眾圍觀，如東港、西港兩地的送王儀式，近年來與大甲媽祖進香、鹽水放蜂炮、平溪放天燈齊名，成為台灣重要的民俗祭典。

祭禮

　　祭禮為一種以禮儀性為主，而不具有明顯儀式性的祭典，其方式採儒家式禮儀，常不用道、佛宗教師（道士、僧尼），且時間較短，並以莊嚴肅穆為主要訴求。禮儀中主要以奉獻供品為表徵，民間稱為「獻禮」，其規模大小一般以獻酒（爵）的次數來區分，有單獻禮、三獻禮，以至於九獻禮等。其中以三獻禮最為常見，俗稱「作三獻」，是民間祭儀中使用最廣，也是最重要的一種，尤其是在神明生與千秋聖誕日的祭典中，更是不可或缺的儀式。

　　三獻禮亦即分三次敬獻爵、祿、酒、果等供品，分別為初獻、亞獻、終獻。完整作三獻祭儀也有許多儀禮配合，依次為：擂鼓三通、鳴鐘九響、奏樂、行三跪九叩的參神禮、迎神進饌、初獻、恭讀祝文、亞獻、終獻、獻帛、化財、焚祝文、送神撤饌、望燎等。作三獻的過程也會因為地域、祖籍的差異而有所不同，但意義與精神卻是一致的，都表達了信眾對神明的崇敬心理。台灣民間廟宇神誕的作三獻，一般多由廟中執事負責訓練禮生行禮，較隆重的也會延請道士或法師來主持儀式，其規模則類似建醮法事的縮影。

台北孔廟恭祝大成至聖先師聖誕舉行釋奠大典，為儒家式最高祭禮。

三獻禮中禮生恭讀祝文（台灣省城隍聖誕）。

習俗活動

以廟宇為主的相關活動中，除了前述的神誕、廟會，以及典型的宗教儀式如醮典、法會之外，也常有許多規模較小、形式不一的習俗活動，常與民間習俗融合在一起。這些習俗常見的有乞龜、安太歲、點光明燈、安營犒軍等。

乞龜、乞綵

龜在傳統中國文化中是「四靈獸」之一，也是長壽的象徵，民間在敬神、婚禮、祝壽等喜慶時都喜歡用各類食材作成龜，以增加吉祥的氣氛。依其材料不同有米龜（紅龜粿）、麵龜、麵線龜、雞蛋糕龜，甚至有以錢幣作成的金錢龜、以黃金打製的金龜等。

士林慈諴宮每年上元節，請道長舉行科儀為值年太歲星君神位開光。

各類型的「龜」，是民間敬神時不可少的供品，經常成爲向神明乞願、還願的重要表徵。乞龜的作法是就信徒供奉或還願的龜食，向神明許願乞求，擲筊獲得神明同意後將龜攜回分食以求福，一旦願望實現，則翌年必須還奉雙倍以上、甚至是十倍的龜，依信徒個人許願的情形而定，而所還的龜又成爲信徒乞願的供品。龜的大小不一，通常爲一、二台斤之譜，也有少數上百斤的。在早期民間物資較爲缺乏時，各類龜形粿品是頗受歡迎的食品，因此乞龜習俗相當普遍。近代物資充裕之後，傳統的龜粿已較不受歡迎，取而代之的是由月餅、鳳梨酥、花生糖或是錢幣等組合而成的龜，甚至以汽車（金龜車）取代。

　　乞綵即以印製有主神名號與廟宇名稱的眉簾，作爲乞願、還願的象徵，其作法一如乞龜，願望實現後必須製作二至數倍不等的「綵」還奉。還奉，此俗現已較爲罕見。

安太歲

　　道壇或寺廟每年年初多有爲善信「安太歲」之俗，在新供奉的值年太歲的牌位前誦經懺以爲信眾消災解厄。近年有些廟則仿照北京白雲觀而建有「太歲殿」，供奉斗姆及六十甲子太歲星君。因中國使

乞龜活動通常在元宵節舉行，目的在祈福（台北內湖梘頭福德祠）。

宮廟供奉六十甲子太歲星君以護佑信眾元辰光彩（桃園竹圍福海宮）。

用干（十干）支（十二支）紀年法，從甲子到癸亥，六十年爲一周，即所謂「六十甲子」。每人出生時即以所屬干支爲本命年，漢以來又有十二生肖的屬相配合，六十年剛好有五組。如果該年值年太歲與自己所屬的干支相同，或是相隔六年者，通稱爲「犯太歲」。前者爲「坐太歲」，或稱「年沖」，後者爲「沖太歲」或稱「正沖」。俗諺有「太歲當頭座，無喜必有禍」之說，爲了避免沖犯而招致不利，年初時就要在所沖犯的值年太歲前，請道士代爲誦經祭拜，以求消災祈福。每一太歲星君都有其名諱、形象及服色，在年初逛廟會時，民眾縱使不安太歲，也會到本命的太歲前祭拜，故「安太歲」成爲民間的新春習俗。信眾若是未到廟宇安奉太歲者，也可在住家公媽廳的左側神案上每年固定安奉。

新竹都城隍廟陰曆每月初一、十五為安太歲、點燈之信眾誦經祈福。

台北艋舺龍山寺在元宵節舉行盛大之燈會活動。

點光明燈

　　點光明燈為信眾在廟宇中點燈祈福的通稱，其目的主要是為信眾乞求平安，而又緣於「光明」諧音「功名」，衍生而有祈求考運之義，甚至促生財利燈、事業燈、婚姻燈等不同性質的點燈名目。佛教原意指在佛前加油點燈，祈求光明，故只有一盞，且不具名善信的名字；而民間俗信，每個凡間的人在天庭上都有一個「元辰」相對應，「燈」即是本命元辰的象徵，俗信元辰若光彩，就會身體健康、運途順遂。因此為了祈求來年一年的順利平安，信眾通常會在元宵前後到廟宇中點燈植福。近代廟宇則衍為一種習俗，在建廟之時，即準備二至數座圓塔形狀，區分數十層以上，每層隔出許多點有小燈的佛龕形

主祀文昌帝君寺廟的光明燈有祈求「功名」之意（台中南屯文昌公廟）。

寺廟供奉光明燈為信眾祈求元辰光彩（新北市五股開山凌雲寺）。

燈除了具有光明意義外，又因閩南語諧音「丁」，是祈求生男之象徵，故廟宇在元宵節舉行燈會（台北艋舺青山宮）。

式，供信徒們在上頭書寫祈願者姓名，置於神龕兩側，以期獲得神力的庇佑。

安營

　　安營即「安五營」，又稱「豎五營」或「釘符」，是安奉一種具有辟邪與守護廟境信仰功能的「外五營」儀式活動。安營通常是在主神神誕前後，由法師透過神明指示擇時舉行。其過程除了豎符之外，必須在各營定點，由法師（小法）或神轎領隊，舉行簡單的祭拜儀式後，即進行安營的動作。其順序通常依東、南、西、北、中等方位舉行，以五色營旗召請五營兵將駐守。在以往通常安紮在村莊的四角，以此區分社內、社外。近代則由於安營的地點不易尋獲，許多廟宇紛

紛將外五營集中在廟前統一供奉，故除了鹿港以南和澎湖等傳統聚落之外，已較少見到安營儀式。

調營、犒軍

即透過一定的儀式或祭拜行為，調動、犒賞官將兵馬的意思。一般具有兵將配置的廟宇，如各地的王爺廟，在必須藉助官將兵馬來執行一定法事時，都會透過「調營」（召營）的儀式請來五營兵將，而在法事結束之後也會舉行「犒軍」（犒將）來犒賞官將兵馬，是廟宇中常見的儀式活動。調營、犒軍時，主持儀式的法師常透過簡單的鑼鼓伴奏，唱誦專有的法仔調曲文，相當具有宗教特色與民俗意義。此外，民間也會依例在陰曆每個月的初一、十五下午，固定在廟前或門口祭拜以「犒將」，其形式與初二、十六的「作牙」類似。

五營是守護廟境的神軍，以中壇元帥領中營為主帥，王爺、城隍爺廟中都會供奉五營斗（台南安平廣濟宮）。

安營即安置廟境五方之營頭，民間俗稱釘營，通常在神誕期間舉行（嘉義大林）。

配置有五營兵將的廟宇多會在陰曆每月初一、十五舉行犒軍儀式，以慰勞神軍之辛勞（鹿港奉天宮）。

戲曲、陣頭

　　陣頭是廟會活動中，參與遊行的各種表演形式隊伍的總稱。陣頭的功能有時具有某種特定的宗教意義，但大多數作為迎神賽會熱鬧場面的主體，是廟會踩街活動中不可或缺的陣容。陣頭的組成，在早期是由廟宇祭祀圈內信徒的自發行為，其目的在表達崇敬的心理而為神明服務。陣頭有時是固定的組織，民間通稱為「駕前」，如曲館、武館等；有時則因應活動需要而臨時組成，充當神明的義工，如各種趣味陣頭、香陣隊伍等。這些陣頭依其表演性質，大概可分為文陣、武陣、趣味陣頭、宗教陣頭、藝閣、香陣等六類。

北管是廟會中最常見的戲曲，圖為台北靈安社在霞海城隍遶境中演奏。

布袋戲亦是廟會常見的劇種，在廟會中依例先演扮仙戲（雲林褒忠鎮安宮）。

演戲

　　各地廟宇慶祝神誕活動中，許多規模較小的，其祝壽禮只簡單舉行象徵性的儀式而已。儀式雖然簡單，但演戲酬神則是必備的規矩。早期的酬神戲種較常見的有北管戲（亂彈、子弟、四平）、南管戲（梨園、九甲）、歌仔戲、掌中（布袋）戲、皮影戲、傀儡戲等「大戲」，近代一些規模小請不起戲班的廟宇，則多以小型布袋戲或放映電影代替。

　　酬神戲通常可分日場與夜場兩種演出形式。日場（午場）搬演時先有「扮仙戲」，是專門向神明祝壽的戲齣，再演出「正戲」，多為文戲。夜場則搬演一些民間傳說或歷史故事，以較熱鬧的武戲為主，除娛神之外，兼具娛樂信眾的重要功能。在早期電視、電影等媒體不發達的時代，每逢地方上廟宇神誕時，各類酬神戲搭野台演出，往往成為民眾最大的娛樂，也吸引了鄰近的小販、攤販趁機前來做生意，構成戲棚下一片熱鬧的景象，充分反映早期台灣民間生活的常態。

北管戲俗稱子弟戲，傳統上多屬業餘演出（台北市共樂軒公演）。

南管音樂演出風格幽雅，和鳴南樂社在台北大稻埕法主公廟演出。

太平明梨園是台中市著名之北管樂團，多以年輕成員組成。

文陣

　　文陣相對於武陣來說，是指必須具有音樂演奏、唱曲或舞蹈等技巧之表演團體，一般有音樂性陣頭與戲劇性陣頭兩類。音樂性陣頭為各種曲藝所組成的曲館，常見的如「南管（南音）團」、「北管團」、「客家八音團」、「十音團」、「大鼓」、「戰鼓」等。這些傳統曲藝團體，有時會由一批固定的成員組成，其團體名稱多稱為

「館」或「軒」、「社」，除了作爲神明的駕前團體之外，偶爾也應其他場合邀請表演。通常只是爲了服侍神明，並不作其他場合的表演。近代則有西樂團、電子琴花車、吉普車鋼管等加入音樂性陣頭行列。

戲劇性陣頭主要爲小戲陣頭，其名稱則是相對於規模較大的戲劇團體——「大戲」而言的，由民間歌舞與說唱藝術發展而來，帶有戲劇情節的表演，常見的如「車鼓陣」、「牛犁陣」、「採茶戲」等，

天子門生是南管系統的音樂性陣頭，盛行於台南地區。

花式大鼓的表演形式爲多人共擊一面大鼓，起源於桃園地區（大溪永安社）。

車鼓陣爲傳統小戲陣頭，多由旦、丑二角爲主落地演出。

牛犁陣又稱為牛犁仔歌，結合車鼓與犁田表演，盛行於農村型廟會活動（台南市西港香遶境）。

水族陣為兼有趣味的小戲陣頭（台南市西港香遶境）。

另外尚有「布馬陣」、「桃花過渡陣」、「番婆弄」、「才子弄」等，除南部地區外其他地區較為少見。近年來也有少數現代化表演團體加入小戲陣頭的行列，成為特殊的景象，如「優劇場」的杖偶、高蹺、優人神鼓等。

武陣

　　武陣的表演一般都必須具有武術的根基。台灣在早期移民社會時，由於政府公權力並不伸張，社會秩序與聚落安全多靠民間自行維持，因此民間習武的風氣頗盛，一般身手較為靈活的農家子弟在農閒都會練武強身，有需要時則組成隊伍保衛鄉里，也在迎神賽會時以武陣出來表演。武陣的種類有「宋江陣」、「獅陣」、「龍陣」、拳術刀術等，龍陣、獅陣是民間最為普遍的武術陣頭，尤其獅陣更是任何民俗性宗教廟會，甚至一般晚會、開幕、選舉等場合所不能或缺的。宋江陣由於所需的成員眾多，操練不易，除了南部地區外較為少見，在早期由於具有軍事性質，也曾為官方所勸禁。武陣有時成獨立的「館」，即稱為武館。

　　另外也有一些較注重技巧性而武術性質較弱的陣頭，如角力、雜耍等雜技，在台灣民間廟會踩街陣容中較為少見。

▲ 金獅陣是宋江陣的變形，是西港香王醮刈香活動的特色之一。

▼ 屏東東港下頭角宋江陣為全台少見有開臉的宋江陣之一。

台灣北部盛行的舞獅多號稱為金獅團，為開口獅，獅頭顏色以青綠、金黃居多，表演形式較為花俏。

白鶴陣亦是宋江陣之變形，在台南地區與傳統宋江陣、金獅陣並稱為宋江三陣（台南市西港香遶境）。

台灣中部地區的舞獅多為閉口獅，表演形式較具威嚴（雲林虎尾慶讚中元）。

台灣的舞龍以軟骨龍為主，是廟會中十分受歡迎的陣頭表演（桃園龜山樂善寺）。

台灣高蹺陣的表演並不興盛，主要演出劇情為「關公保二嫂」（台南市西港香遶境）。

台南市西港香的水牛陣是因應三年一科的刈香遶境活動所組成。

鬥牛陣是昔日常見的農村型趣味陣頭，現已較少見到。

趣味陣頭

　　趣味陣頭是指帶有逗趣性質的表演團體，演員們也需要某種程度的表演技巧，有固定的組成團體或練習模式，娛樂性質較重。這類陣頭的品類眾多，人數較少，需要相互搭配。目前也漸有職業化的傾向，但表演內容則較為簡單，有時有固定的要弄模式，如「跳鼓陣」、「鬥牛陣」等。有時則只是裝扮一番、練習一些步子參與踩街，如「高蹺陣」、「水族陣」等，也是迎神賽會陣容中常見的隊伍。

宗教陣頭

　　宗教陣頭是台灣民間較為特殊的陣頭形式，可分為官將團與神將（偶）團兩類，前者如「八家將」、「什家將」、「五營神將」、「官將首」等。後者如「謝范將軍」、「趙康元帥」、「太子陣」等。這類陣頭通常帶有濃厚的宗教意味，非如純表演性質的陣頭，參與的成員有時必須經過一定的宗教儀式後方能出陣，如家將團的「開臉」（開面）、「背五峰」、「開光」、「起馬」等。

　　官將團的出陣，通常帶有驅除邪祟、捉拿鬼魅等一定的宗教功能及意義，出陣時也具有一定的步伐與陣勢，其中又以「八家將」最為著名。八家將的成員並不專指「八位」，有時只有四人或六人成陣，有時是十位、十二位，因成員複雜而不定，故又稱為「什家將」。八家將的由來不一，常見的說法有二：一為「五福大帝」的部將，一為城隍爺的差官。主要成員有持戒棍的甘、柳將軍，與持魚枷的捉神謝將軍、持方牌的拿神范將軍等「前四班」，以及春、夏、秋、冬等「四季神」，除了前四班與後四季之外，若加上文、武判官則稱為「十家將」。不論八家或十家，通常多會在陣前加上挑刑具的什役與分持令牌、令旗的文、武差。

當代台灣的宗教性陣頭以官將首最常見，基本為三人成陣（新北市新莊地藏庵俊賢堂新莊街組）。

十二婆姐陣是台灣十分少見的宗教性陣頭（台南市學甲香遶境）。

早期的官將團只在主神出巡時隨神明出陣，近代則以其具有濃厚、特殊的民俗宗教意象，常常成為民俗表演中的焦點所在，反而逐漸減弱了宗教上的神聖性質。

結合青山宮八將與官將首特色而成為「台疆衍派」八將，是近年台北地區十分活躍的官將團（台北霞海城隍暗訪）。

小型的神將俗稱童仔，主要有招財、進寶二童子（桃園中壢仁海宮慶讚中元遶境）。

八家將起源於台南地區，主要做為主神駕前護衛，並有緝捕邪祟之宗教功能（台南西港香）。

神將行走在老街上，已成為桃園大溪普濟堂遶境主要特色之一。

東港東福殿廿四司為陣容龐大的神將團。

新北北邑拱吉堂什家將傳承自嘉義拱吉堂，每年在霞海城隍遶境時作為駕前護衛。

信眾索取掛在謝將軍身上之鹹光餅以食平安（台南市西港香遶境）。

北港迎媽祖自日治時期即以藝閣聞名全台。

近代所見的藝閣多為裝台閣形式，以電動花燈呈現神祇主題（台北市松山慈惠堂遶境）。

台南市學甲香的龍頭鳳尾蜈蚣陣，迄今仍維持由人力扛抬傳統。

藝閣

藝閣的起源已久，是早期廟會踩街陣容中不可少的隊伍，通常由人裝扮作成組的故事人物，早期由人扛抬，故多為兒童所扮成，近代則以車輛代步，將一組組的人物故事呈現裝置於車上參加踩街行列。

蜈蚣陣是藝閣的一種，又稱為百足真人，盛行於台南地區，民眾認為具有驅除邪祟的功能（台南市西港香遶境）。

藝閣依其規模可分為「裝台閣」與「蜈蚣閣」兩種，裝台閣是指獨立成一台的小型藝閣，在台上設樓閣、布馬景物，以真人或模特兒扮成的古裝人物參插其間，有時也以多台組成隊伍，常見者如八仙閣。蜈蚣閣是一種大型藝閣，由多閣串連成為一個主題，因具有驅毒宗教功能且有「多足」的外觀，故稱為「蜈蚣陣」，盛於台南地區，民間尊稱為「百足真人」。藝閣陣頭由於裝置費時、所需人手較多，且出陣形式多為靜態的遊行，沒有其他陣頭具有濃厚的動態表演性質，除北港、台南地區外，其他已較為少見，或是不再以真人來裝扮。

還願

在台灣部分較傳統的進香隊伍中，也有少數信徒帶著「還願」的心理參加，他們身上帶著木製或紙製「枷鎖」，扮演成「犯人」的模樣，帶著懺悔的心理徒步隨行，希望能因此替人受過或是減輕自己罪孽而獲得救贖，除了信仰上的意義之外，也構成進香隊伍中另一種民俗特色。還願夯枷較常見的有四方形的「鐵枷」，一般為隨男性神

祇（如王爺）進香時所見。另有模仿古代刑具、作雙魚形狀的「魚枷」，通常爲隨女性神祇（如媽祖）進香時常見。另外，新竹都城隍陰陽司公出鎮北壇、宜蘭迎城隍活動中有扛「三角枷」，則是較爲特殊的例子。在「枷」的上面，會貼上書有主神名號的「封條」與還願人的姓名（重量）等，以示虔誠。

香陣

　　香陣爲參加進香隊伍陣頭的通稱。在進香的行列中，除了上述文、武、小戲、趣味、宗教等陣頭之外，尚有許多由信眾所組成的各式隊伍，如儀仗隊、繡旗隊、前鋒隊、報馬仔等，也是神明出巡遶境時壯盛陣容的必備陣勢，這類性質的隊伍，通稱爲「香陣」。

進香、遶境時，信眾持香、戴枷扮演罪犯，跟隨神祇遶境以祈求解除罪業（台南市西港香遶境）。

報馬仔在遶境中行於隊伍最前方，主要任務在告知沿途信眾，由於裝扮逗趣，故深受注目（北港迎媽祖）。

Chapter 8

結語

▲ 土地神崇拜為古老的自然崇拜，在農業社會時期有「田頭田尾土地公」之說（苗栗銅鑼）。

◀ 神樹信仰起源於植物崇拜（南投市茄苳腳茄苳王公）。

　　台灣傳統文化具有閩、粵漢人的傳統色彩，在移民過程中又產生明顯的移民社會特質，呈現在宗教信仰方面，則以社廟為信仰中心，具有濃厚的族群性、地域性與功利性等。傳統漢人宗教信仰起源於古代的自然崇拜與人鬼（祖先）崇拜，在佛教傳入中國以及道教興起之後，又受到佛、道二教的影響，其中尤其以道教之神祇體系架構與諸般儀式之影響最巨。但由於族群性、地域性等因素之作用，使得宗教信仰呈現出十分濃厚的族群差異與鄉土色彩，這種情形在台灣漢人社會發展過程中更是明顯。由於傳統宗教信仰融入常民生活的「擴散」

特質，再加上特重鄉土與族群差異的移民社會特質之影響，社廟便成為傳統宗教信仰的核心，在歷史的推衍之下，各地也發展出不同的社神信仰與豐富而多元的社廟信仰活動。

　　台灣漢人社會的社神信仰，除了起源於漢人傳統的自然崇拜、祖先崇拜諸神與祀典神祇之外，隨著移民社會的發展，地域化、族群性的鄉土神祇逐漸成為社神信仰之主體。台灣社神信仰之發展，在移民開拓時期，基於實際情況之需要，特別崇祀生產、護生神祇。到了開拓有成，社會漸趨安定，神祇信仰進入發展期，形成族群性鄉土守護神興盛之現象。直至社會結構達到定型階段，信仰發展進入融合期，官、紳以祀典神祇企圖消弭族群之衝突，加上許多台灣本土性神祇的出現，成為族群和解之具體象徵。日治時期，台灣神祇信仰受到殖民政府的壓抑與破壞，信仰出現動搖現象。所幸在二戰結束後，台灣的神祇信仰即進入復興期，尤其是八○年代以降，隨著本土文化之勃興以及經濟起飛，神祇信仰因此得到快速發展，神祇類型與數量隨之驟增。從社神信仰的發展來說，亦可見證台灣漢人社會變遷的軌跡。

石頭公崇拜起源於自然崇拜，具有庇佑孩童成長之意義（南投市永和宮）。

北台灣客家地區崇拜石母娘娘，為孩童守護神（桃園市八德霄裡）。

水仙尊王為郊商守護神，守護台灣清代兩岸貿易（台南市水仙宮）。

清領時期各地建有城隍廟以為城市守護神，民間又以城隍尊神主宰陰陽兩界（新竹都城隍廟）。

　　在社廟發展方面，台灣漢人的傳統宗教信仰沒有明顯的「制度化宗教」特質，廟宇遂成為信仰發展最重要的指標之一，加上漢人族群移民台灣各種背景因素之影響，使得台灣漢人社會特別重視神祇之崇拜，並廣建廟宇加以奉祀。因此只要有漢人落腳的地方就有廟宇之建立，廟宇與聚落發展之間具有相當密切的關係。在先民開創時期，由於開拓事業正處於起步階段，雖然對於神祇相當崇祀，但一般廟宇規模多呈簡陋。等到庄社構成，形成聚落之後，開始建立各種廟宇，其中以土地、生產有關者最為普遍，但廟宇規模仍然較小。等到開拓事業底定，進入庄社發展時期，商業貿易興起，街市逐漸繁榮，許多較大規模之社廟，便在人們酬謝神恩的心理之下被建立。城市形成之後，一方面官、紳為了移風易俗等考量，建立許多大型廟宇，以供奉超越族群性之神祇，以及祀典神祇，而城市中的各廟宇之間，也逐漸形成一種具有等級差別的結構，廟宇發展在各方面也都達到成熟。

　　日本殖民政府統治台灣之後，許多寺廟政策對台灣廟宇造成破壞，其中以清代官建廟宇為最。二戰結束以後台灣的廟宇也隨著神祇信仰之復興而逐漸恢復，甚至在八〇年代以後出現驟增之現象，但在

神明聖誕期間信眾備供品祝壽（台北市大龍峒保安宮）。

古老的都會型聚落中，廟宇之間所形成的層級結構，已產生相當大的變遷。

　　文物即是文化的證物，在考察人類各種社會精神文化時，以文物為表徵的物質文化常成為重要的依據。物質文化常能深刻反映常民的生活及其精神樣態，故豐富的宗教信仰文物自是能具體反映其宇宙觀、鬼神觀，亦即人與自然萬物之間的溝通、感應關係，均需經由具體的媒介物與之聯繫。作為宗教信仰重要載體的廟宇建築及其相關信仰文物，也相當忠實地反映出宗教信仰之變遷。

　　台灣的廟宇，在漢人先民開拓時期，由於各種條件之限制，加上祀神類型較為單純，故在建築體方面多顯得較為簡陋，各種宗教器物亦因陋就簡。到了墾殖開發至一定程度之後，社會經濟環境改善，民眾較有餘力奉獻於信仰上，故廟宇建築在規模上有逐漸擴大之趨勢。街市聚落發展成熟與城市興起之後，由於商業貿易與各種生計事業之蓬勃發展，民眾基於感謝神恩之情，遂多傾力於廟宇建築之雕飾，以

聖誕期間舉行過火為常見的神明生活動之一（桃園市竹圍福海宮）。

及各種宗教文物之製作，故此一時期之廟宇建築多顯出成熟、華麗又不失典雅之風格。

到了日治時期，雖然殖民政府打壓傳統宗教信仰，但由於社會富裕，一些獲得地方仕紳所支持的社廟，也延聘閩、台優秀之匠師，開始進行重建工程，留下精緻之廟宇建築與相關宗教文物藝術。台灣二戰結束之後，社會歷經一段蕭條景況，但不久隨著經濟之起飛，台灣的廟宇進入另一段新建與重建之高峰，並引進新式西方建築技術，改變了廟宇建築的風貌。可惜的是，晚近由中國地區大量引入建築構件，使得廟宇建築雖然日趨繁複，卻逐漸喪失古樸、精緻的藝術風格。

此外，由於台灣漢人社會特重鬼神祭祀，加上海島型氣候侵蝕建築物較為嚴重，只要條件許可，廟宇經常有重修或改建之舉，又在重修或改建之時，不斷匯入當代之技術與風格，使得廟宇建築不易保持古貌，導致不易窺見清代中期之前較為詳實的廟宇面貌。

但無論如何，台灣傳統廟宇就如同一座挖掘不盡的寶庫一般，除了作爲信仰中心而滿足信眾宗教活動的需求外，更提供人們各種傳統民俗文化的知識，在考察一些歷史悠久的寺廟時，我們亦可進一步的瞭解漢人在台灣的開拓過程、聚落的發展與變遷，以及包括工藝美術、戲曲、音樂等在內的相關民間藝術。以廟宇建築來說，一座廟宇的興建結合了各種工匠、藝師、地方文人與仕紳等集體創作的成果，因此寺廟除了是民間藝術的寶庫之外，更是傳統南方式建築藝術的精華表現。

　　廟宇在漢人社會中一向具有十分重要的地位，尤其是作爲聚落公廟的社廟，在傳統社會中具有社教中心、政治中心以及民間美術館、休憩場所的重要功能，而社廟的諸般信仰活動——廟會，亦是許多民眾交流與聯繫情感之重要時機與休閒場所。進入九〇年代以後，台灣許多古老的廟宇，其建築藝術逐漸受到重視，而一些內含豐富文化的廟會活動，也備受矚目，不管是硬體的廟宇建築，或是神像、祀具、匾聯、碑碣、建築構件等文物，以及軟體的廟會活動，都成爲研究者的研究對象，也是學生瞭解文化藝術的最佳鄉土教材。因此，台灣廟宇已成爲反映常民信仰文化與各種民間藝術的主要載體。

扶鸞爲藉由神明降駕出詩文之儀式，早年盛行於各地鸞堂（南投市藍田書院濟化堂）。

廟會除了陣頭演藝活動之外，也是重要的民間工藝展現場所（大龍峒保安宮中元祭典）。

參考書目

內政部民政司，2002，《全國寺廟名冊》，台北：內政部民政司。

阮昌銳，1990，《中國民間宗教之研究》，台北：台灣省立博物館。

呂理政，1992，《傳統信仰與現代社會》，台北：稻鄉出版社。

林美容，1993，《臺灣人的社會與信仰》，台北：自立晚報文化出版部。

林會承，1985，《清末鹿港街鎮結構研究》，台北：境與象出版社。

李亦園，1992，《文化圖像》（下），台北：允晨文化公司。

李乾朗，1979，《台灣建築史，台北：雄獅圖書公司。

　　　　1986，《台灣的寺廟》，台中：台灣省政府新聞處。

李豐楙、李秀娥、謝宗榮，2000，《文英館藏台灣宗教文物分類圖錄》，台中：台中市政府。

李豐楙、謝宗榮，2001，道教藝術，《台灣宗教藝術》第三章，台北：國立空中大學。

高有鵬，1999，《中國廟會文化》，上海文藝出版社。

陳　來，1996，《古代宗教與倫理——儒家思想的根源》，北京：三聯書店。

莊芳榮，1987，《台灣地區寺廟發展之研究》，台北：文化大學史學研究所博士論文。

劉枝萬，1963，〈清代台灣之寺廟（一）〉，《臺北文獻》4期，頁101～120。

　　　　1983，《台灣民間信仰論集》，台北：聯經出版公司。

董芳苑，1984[1975]，《台灣民間宗教信仰》，台北：長青文化公司。

謝宗榮，2003，《台灣傳統宗教文化》，台中：晨星出版公司。

　　　　2003，《台灣傳統宗教藝術》，台中：晨星出版公司。

　　　　2003，《神像與信仰》，台北：鶯歌陶瓷博物館。

　　　　2003，《台灣的信仰文化與裝飾藝術》，台北：博揚文化公司。

　　　　2005，《台灣的王爺廟》，台北：遠足文化公司。

　　　　2005，《台灣的廟會文化與信仰變遷》，台北：博揚文化公司。

　　　　2014，《台灣的道教文化與祭典儀式》，台北：博揚文化公司。

　　　　2015，《台灣的民俗信仰與文化資產》，台北：博揚文化公司。

謝宗榮、李秀娥，2016，《圖解台灣民俗工藝》，台中：晨星出版公司。

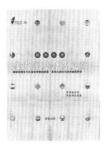

國家圖書館出版品預行編目資料

圖解台灣傳統宗教文化 / 謝宗榮 著 .
-- 初版 . -- 台中市：晨星 , 2018.08
　面；　公分 . -- (圖解台灣；21)
　ISBN 978-986-443-474-9(平裝)

1. 民間信仰　2. 台灣

272.097　　　　　　　　　　　107009780

圖解台灣 TAIWAN ｜21　圖解台灣傳統宗教文化

作者	謝宗榮
主編	徐惠雅
執行主編	胡文青
助理編輯	陳育茹
校對	謝宗榮、陳育茹、胡文青
美術設計	賴怡君
封面設計	柳佳璋

創辦人　陳銘民
晨星出版有限公司
台中市 407 工業區 30 路 1 號 1 樓
TEL:(04)23595820　FAX:(04)23550581
行政院新聞局局版台業字第 2500 號
法律顧問　陳思成律師
初版　西元 2018 年 08 月 10 日
西元 2023 年 05 月 20 日（二刷）

讀者專線　TEL：02-23672044 / 04-23595819#212
FAX：02-23635741 / 04-
E-mail：service@morningstar.com.tw
網路書店　http：//www.morningstar.com.tw
郵政劃撥　15060393（知己圖書股份有限公司）

印刷　上好印刷股份有限公司

定價 480 元
ISBN 978-986-443-474-9
Published by Morning Star Publishing Inc.
Printed in Taiwan
版權所有，翻譯必究
（缺頁或破損的書，請寄回更換）